virginia woolf
segunda ou terça

tradução
taís paulilo blauth

rio de janeiro
2019

Direitos do original em domínio público
Edição brasileira © Red Tapioca, 2019
Todos os direitos reservados.

Título original: Monday or Tuesday
1ª Edição

r.ed
R-ED.NET.BR

Coordenação editorial: Gustavo Horta Ramos
Tradução: Taís Paulilo Blauth
Revisão: Beatriz Ramos Perez
Projeto gráfico e diagramação: Natalli Tami Kussunoki

Dados Internacionais de Catalogação na Publicação (CIP)
[Câmara Brasileira do Livro, SP, Brasil]

Woolf, Virginia, 1882-1941
Segunda ou terça / Virginia Woolf ;
   tradução por Taís Paulilo Blauth. —
   Rio de Janeiro : Red Tapioca, 2019.

Título original: Monday or Tuesday
ISBN 978-65-80174-14-0

1. Contos ingleses
I. Título.

19-31379	CDD-823

Índices para catálogo sistemático:	
1. Contos : Literatura inglesa	823

Cibele Maria Dias - Bibliotecária - CRB-8/9427

Uma casa assombrada	07
Uma sociedade	11
Segunda ou terça	33
Um romance não escrito	35
O quarteto de cordas	53
Azul e verde	61
Os jardins de Kew	63
A marca na parede	73
A ficção moderna	85

segunda ou terça

A qualquer hora que acordássemos havia uma porta batendo. De quarto em quarto iam eles, de mãos dadas, erguendo aqui, abrindo ali, certificando-se — um casal espectral.

"Foi aqui que o deixamos", disse ela. Ao que ele acrescentou: "Ah, mas aqui também!" "Está lá em cima", murmurou ela. "E no jardim", sussurrou ele. "Baixinho", disseram eles, "ou os acordaremos."

Não que nos tenham acordado. Não, não. "Estão procurando; estão puxando a cortina", ocorria-me de pensar, para então avançar mais uma página ou duas na leitura. "Agora encontraram", dizia eu com certeza, fazendo pausar o lápis à margem. E então, entediada com o livro, eu me levantava para ver com meus próprios olhos, a casa toda vazia, as portas abertas, apenas os pombos-torcazes borbulhando de alegria e o zum-zum do debulhador vindo da fazenda. "Por que entrei aqui? O que queria encontrar?" Minhas mãos se encontravam vazias. "Talvez no andar de cima, então?" No sótão se encontravam as maçãs. E assim eu tornava a descer, o jardim imóvel como sempre, exceto pelo livro caído sobre a grama.

Mas foi na sala de visitas que eles encontraram o que buscavam. Não que eu os tenha visto, jamais. As vidraças refletiam maçãs, refletiam rosas; todas as folhas eram verdes à janela. Se eles perambulavam pela sala de visitas, uma maçã

Uma casa assombrada

apenas se virava, mostrando seu lado amarelo. Porém, no instante seguinte, se a porta se abria, estirava-se ao chão, pendia das paredes, do teto — o quê? Minhas mãos se encontravam vazias. A sombra de um melro atravessou o tapete; dos poços mais fundos de silêncio o pombo extraiu sua bolha de som. "A salvo, a salvo, a salvo", pulsou suavemente a casa. "O tesouro enterrado; o quarto...", e calou-se o pulso. Ora, pois, era esse o tesouro enterrado?

No momento seguinte a luz desvaneceu. Lá fora no jardim, então? Mas as árvores teciam trevas para um raio de sol deambulante. Tão belo, tão raro, o raio que eu buscava engolfado friamente sob a superfície ardia sempre por trás da vidraça. A morte era o vidro; a morte entre nós; à mulher chegara primeiro, centenas de anos antes, ao abandonar a casa, vedando todas as janelas; os cômodos obscurecidos. Ele a deixara, deixara a mulher, fora para o norte, para o leste, vira as estrelas de viés no céu do sul; procurara a casa, encontrara-a largada sob as montanhas. "A salvo, a salvo, a salvo", pulsou alegremente a casa. "O tesouro seu."

O vento urra pela rua. Árvores balançam, vergando de um lado a outro. Raios de lua alucinados esguicham e espirram sob a chuva. Mas o feixe da candeia vem diretamente da janela. A vela se consome ereta e quieta. Vagando pela casa, abrindo janelas, falando baixo para não nos acordar, o casal de espectros procura sua felicidade.

"Aqui dormíamos", diz ela. Ao que ele acrescenta, "Beijos sem fim." "Ao acordarmos de manhã...", "O prateado entre as árvores...", "No andar de cima...",

"No jardim...", "Quando chegava o verão...", "Na época da neve...". As portas se fecham à distância, batendo delicadas como batidas de um coração.

Eles se aproximam; param à porta. O vento cai, a chuva escorrega prateada pela vidraça. Nossos olhos se nublam; não ouvimos nenhum passo ao lado; não vemos nenhuma mulher a estender seu manto fantasmagórico. As mãos dele cobrem a lanterna. "Veja", ele respira. "Em sono profundo. O amor em seus lábios."

Inclinando-se, segurando a candeia de prata acima de nós, eles se detêm a olhar-nos às profundezas. Detêm-se imóveis. O vento se conduz reto; a chama se curva suave. Raios ensandecidos de luar cruzam chão e parede e, encontrando-se, tingem os rostos curvados; os rostos pensativos; os rostos que perscrutam os que dormem à procura da felicidade oculta.

"A salvo, a salvo, a salvo", pulsa orgulhoso o coração da casa. "Longos anos...", suspira. "Outra vez me encontraram." "Aqui", ela murmura, "dormindo; no jardim, lendo; rindo, fazendo rolarem maçãs no sótão. Aqui deixamos nosso tesouro...". Curvando-se, a luz que deles emana ergue minhas pálpebras. "A salvo! a salvo! a salvo!", bate loucamente o coração da casa. Despertando, arrebatado pergunto: "Ah, é este o *seu* tesouro enterrado? A luz no coração?"

Foi assim que tudo ocorreu. Estávamos, seis ou sete de nós, reunidas certo dia após o chá. Algumas olhavam para o outro lado da rua, para as janelas de uma chapelaria onde a luz ainda incidia forte sobre plumas escarlate e mocassins dourados. Outras se entretinham construindo torrezinhas de açúcar sobre a borda da bandeja. Passado algum tempo, se não me falha a memória, sentamo-nos em volta da lareira e começamos, como de costume, a tecer lisonjas aos homens — como eram fortes, nobres, brilhantes e belos —, como invejávamos as mulheres que, por bem ou mal, conseguiam enlaçar-se a um deles para sempre. Foi então que Poll, sem dizer palavra, caiu em prantos. Poll, devo dizer-lhes, sempre foi estranha. Para início de conversa, seu pai fora um homem extravagante. Deixara-lhe uma fortuna em testamento, sob a condição, contudo, de que ela lesse todos os livros da Biblioteca de Londres. Nós a reconfortávamos como podíamos; o que sabíamos ser em vão, no fundo. Ora, ainda que lhe tenhamos apreço, Poll não é nada bela; anda com os cadarços soltos; e devia estar pensando, enquanto falávamos de homens, que nenhum deles jamais desejaria desposá-la. Por fim, ela secou as lágrimas. De início não nos fez sentido o que disse. Mas, estranhamente, dissera-o em plena consciência. Contou-nos que, como já era do

Uma sociedade

nosso conhecimento, passava a maior parte do tempo na Biblioteca de Londres a ler. Começara, disse ela, pela literatura inglesa no andar superior; e vinha cobrindo todos os volumes até o *Times* no piso inferior. E agora, na metade ou talvez um quarto do processo, algo terrível se sucedera. Era-lhe impossível continuar a ler. Os livros não mostravam ser o que imaginávamos. "Os livros", bradou ela, pondo-se de pé e anunciando com tamanha desolação que me marcou para sempre, "são em sua maioria indescritivelmente ruins!"

Naturalmente argumentamos que Shakespeare escrevia livros, tal qual Milton e Shelley.

"Ah, sim", ela nos interrompeu. "Posso bem ver que vocês foram bem-educadas, mas não são sócias da Biblioteca de Londres." Neste ponto irrompeu outra vez em soluços. Passados alguns instantes, já em parte recuperada, Poll abriu uma das pilhas de livros que sempre carregava consigo — "Da Janela" ou "No Jardim" ou algo parecido era o título, cujo autor era um homem de nome Benton ou Henson ou coisa semelhante. Pôs-se a ler as primeiras páginas. Nós a ouvimos em silêncio. "Mas isto não é um livro", disse alguém. Então ela pegou outro. Desta vez de História, não me recordo do autor. Conforme ela lia nossa inquietação só fazia aumentar. Nenhuma palavra parecia verdadeira, e o estilo da escrita era execrável.

"Poesia! Poesia!", impelimo-la, impacientes. "Leia-nos algum poema!" Não tenho palavras para descrever a decepção que nos assolou quando, abrindo um pequeno volume, ela nos declamou as sandices verborreicas e sentimentais ali contidas.

"Deve ter sido escrito por uma mulher", uma de nós se apressou em dizer. Mas não. Poll nos disse que fora um jovem rapaz, um dos poetas mais em voga no momento. Imaginem o estarrecimento que tal revelação nos causou. Apesar dos nossos protestos e súplicas para que não prosseguisse, ela insistiu na tarefa e nos leu excertos das Vidas dos Lordes Chanceleres. Quando terminou, Jane, a mais velha e sábia entre nós, pôs-se de pé e disse que ela, pessoalmente, não estava convencida.

"Por que", perguntou ela, "se os homens escrevem paspalhices como essas, teriam nossas mães desperdiçado sua juventude trazendo-os ao mundo?"

Todas silenciamos; e no silêncio ouvimos a pobre Poll a se lamuriar: "Por que, por que meu pai me ensinou a ler?"

Clorinda foi a primeira a recobrar a razão. "É tudo culpa nossa", disse ela. "Todas sabemos ler. Mas nenhuma de nós, exceto Poll, jamais se deu ao trabalho de fazê-lo. Eu, pelo menos, sempre tive como certo que o papel da mulher era passar a juventude criando os filhos. Eu venerava minha mãe, que teve dez; e ainda mais minha avó, que teve quinze; e minha pretensão era, confesso, ter vinte. Nós passamos todas essas eras presumindo que os homens fossem igualmente diligentes, e que suas obras tivessem igual mérito. Enquanto dávamos à luz crianças, supúnhamos que eles dessem à luz livros e pinturas. Nós povoávamos o mundo. Eles o civilizavam. No entanto, agora que sabemos ler, o que nos impede de julgar os resultados? Antes de trazermos mais um filho sequer ao mundo, devemos fazer a promessa de que descobriremos como o mundo é."

E, assim, fundamos uma sociedade com o propósito de levantar questionamentos. Uma de nós visitaria um navio de guerra; outra se esconderia no escritório de um acadêmico; outra compareceria a uma reunião de negócios; e todas nos poríamos a ler livros, examinar quadros, ir a concertos, mantendo os olhos bem abertos nas ruas e fazendo perguntas sem fim. Éramos muito jovens. Vocês verão nossa ingenuidade quando eu lhes disser que, antes de partirmos naquela noite, concordamos que o objetivo da vida era a produção de boas pessoas e de bons livros. Nossas perguntas se destinariam a determinar até que ponto esses objetivos estavam sendo alcançados pelos homens. Juráramos solenemente não trazer ao mundo outro filho até que nos déssemos por satisfeitas.

E lá fomos nós, algumas ao Museu Britânico; outras à Marinha Real; outras a Oxford; outras a Cambridge; visitamos a Academia Real e a galeria Tate; ouvimos música moderna em salas de concerto, comparecemos aos tribunais de justiça e assistimos a novas peças de teatro. Nenhuma de nós chegava ao fim de um jantar sequer sem dirigir perguntas ao parceiro, anotando cuidadosamente as respostas. A cada tanto nos encontrávamos e comparávamos as observações. Ah, como eram divertidos esses encontros! Nunca ri tanto como quando Rose nos leu suas anotações sobre a honra e descreveu o dia em que se vestiu de Príncipe da Etiópia e embarcou em um dos navios de Sua Majestade. Ao descobrir a farsa, o capitão lhe prestara uma visita (então vestido como um cavalheiro particular), exigindo o resgate da honra da Marinha. "Mas como?", ela interpelou. "Como?", gritou ele. "Com a bengala, mas é evidente!" Percebendo que ele se encontrava fora de si e temendo estar à beira do seu último suspiro, ela se curvou e recebeu, para seu espanto, seis leves tapinhas no traseiro. "Eis que está vingada a honra da Marinha Britânica!", bradou ele e ela, assim que se pôs de pé, pôde ver o suor que lhe escorria pelo rosto, uma mão direita trêmula estendida. "Nada disso!", exclamou ela, forjando coragem e plagiando a ferocidade da expressão dele, "Pois a *minha* honra ainda tem de ser recuperada!" "Dito como um cavalheiro!", devolveu ele, caindo em profunda reflexão. "Se seis golpes vingam a honra da Marinha Real", ponderou ele, "quantas vingariam a de um cidadão comum?" Disse então que preferia entregar o caso aos seus companheiros oficiais. Ela replicou, altiva, que não podia esperar. Ele elogiou sua sensatez. "Deixe-me ver", disse ele de súbito, "seu pai tinha uma carruagem?" "Não", disse ela. "Ou um cavalo de sela!" "Tínhamos um jumento", recordou-se ela, "que puxava uma capinadeira." Diante disso as feições dele se iluminaram. "O nome da minha mãe...", acrescentou ela. "Por Deus, homem, não mencione o nome da sua mãe!", ele ralhou, tremendo como vara verde e enrubescendo até a raiz dos cabelos, e foram necessários dez minutos, se não mais, para que ela pudesse induzi-lo a prosseguir. Por fim, ele decretou que se ela lhe desse quatro lambadas e meia na parte inferior das costas, em um ponto indicado por ele mesmo (a "meia" lambada extra fora adicionada, segundo ele, em reconhecimento ao fato de que o tio da bisavó dela fora morto em Trafalgar), ele daria por plenamente restabelecida a honra da cidadã. Isto foi feito; os dois se dirigiram então a um restaurante; beberam duas garrafas de vinho, pelas quais ele insistiu em pagar; e partiram, prometendo eterna amizade.

Depois tivemos o relato de Fanny sobre sua visita aos tribunais. Na primeira, ela concluíra que os juízes eram feitos de madeira, ou então eram personificados por grandes animais semelhantes a homens, treinados para se mover com extrema dignidade, murmurar e acenar com a cabeça. Para testar a teoria ela abriu um lenço com moscas varejeiras no ponto crítico de um julgamento, mas foi incapaz de determinar se as criaturas emitiram algum sinal de humanidade, já que o zunir dos insetos a induziu a um sono tão profundo que ela só acordou a tempo de ver os prisioneiros serem levados às celas no piso inferior. Entretanto, pelas evidências fornecidas, consideramos inadequado supor que os juízes fossem homens.

Helen estivera na Academia Real, mas, quando lhe pedimos que apresentasse seu relato sobre as obras, ela desatou a recitar, a partir de um volume azul pálido: "*Ah! O toque de uma mão esvaecida, o som de uma voz que perdura. Ao lar regressa o caçador, dos alpes regressa. As rédeas chacoalha. O amor é doce, o amor é breve. A primavera, agradável primavera, Rainha benévola do ano. Ah! Estar na Inglaterra em abril. Aos homens cabe o trabalho, às mulheres, o pranto. A senda do labor é vereda de glória..."* Não tínhamos mais paciência para aquelas tolices.

"Chega de poesia!", protestamos.

"Filhas da Inglaterra!", ela se aventurou, mas neste ponto nós a contivemos e a puxamos de volta, vertendo uma jarra d'água em cima dela no alvoroço.

"Graças a Deus!", exclamou ela, chacoalhando-se como uma cadela. "Agora vou rolar no tapete para ver se consigo limpar o que resta da Union Jack. Depois, talvez...", e nisto se pôs a rolar energicamente. Levantando-se, começou a falar das pinturas modernas, mas Castalia a interrompeu.

"Qual o tamanho médio de um quadro?", quis saber esta. "Talvez sessenta por setenta e cinco centímetros", respondeu ela. Castalia fazia anotações enquanto Helen falava e, assim que terminou, as demais tentando não cruzar olhares umas com as outras, pôs-se de pé e anunciou: "Como combinado, passei a semana passada em Oxbridge, disfarçada de servente. Assim, tive acesso às salas de diversos professores e tentarei, agora, dar-lhes alguma ideia — exceto que", pausou, "não sei como fazê-lo. É tudo tão bizarro. Esses professores", prosseguiu, "vivem em casarões construídos ao redor de gramados, mas cada qual solitário em uma espécie de cela. E, no entanto, têm todas as conveniências e confortos. Basta apertar um botão ou acender uma pequena luz. Seus papéis são lindamente arquivados. Livros, os têm em abundância. Não se veem crianças ou animais, salvo por meia dúzia de gatos de rua e um priolo velho — um galo. Lembro-me", disse ela cortando a narrativa, "de uma tia minha que vivia em Dulwich e plantava cactos. Chegava-se à estufa pela sala de estar dupla, onde dúzias deles ficavam sobre os canos quentes, plantinhas feias, atarracadas, espinhentas, cada uma em um vaso. Uma vez a cada cem anos a aloé floresce, dizia minha tia. Mas ela morreu antes que isso acontecesse...". Nós lhe pedimos que não se desviasse do tema. "Bem", retomou ela, "durante uma saída do professor Hobkin, examinei a obra de sua vida, uma edição de Safo. É um livro de aparência bastante peculiar, com quinze a vinte centímetros de grossura, não totalmente de autoria de Safo. Não, não. A maior parte é uma defesa de sua castidade, que algum alemão havia negado, e posso lhes assegurar que a paixão com que esses dois cavalheiros argumentam, a erudição que demonstram, a engenhosidade prodigiosa com que discutem o uso de um apetrecho que a mim mais parece um grampo de cabelo me tomou de surpresa; surpresa ainda maior quando a porta se abriu e lá estava o próprio professor Hobkin. Um senhor bastante amável, gentil e idoso, mas o que *ele* saberia sobre castidade?" Nós a entendemos mal.

"Não, não", ela protestou, "ele é a personificação da honra, sem dúvida — não que se pareça minimamente com o capitão de Rose. Estava pensando, na realidade, nos cactos de minha tia. O que *eles* saberiam sobre castidade?"

Tornamos a lhe pedir que não se desviasse do assunto, — afinal os professores de Oxbridge contribuíam para a produção de boas pessoas e bons livros — o objetivo da vida?

"Pois!", exclamou ela. "Nunca me ocorreu de perguntar. Nunca me ocorreu que eles pudessem produzir o que quer que fosse."

"Creio", disse Sue, "que você cometeu algum erro. O professor Hobkin deve ser ginecologista. Um acadêmico é um tipo de homem bem diferente. Um acadêmico transborda de humor e inventividade — talvez seja viciado em vinho, mas o que isso tem de mais? — um companheiro agradabilíssimo, generoso, sutil, imaginativo — como não poderia deixar de ser. Isto porque passa a vida na companhia dos seres humanos de mais fina estirpe que já existiu.

"Hmm", murmurou Castalia. "Talvez eu deva voltar lá e tentar novamente."

Transcorridos cerca de três meses, encontrava-me eu a sós quando Castalia apareceu. Não sei o que foi em seu olhar que tanto mexeu comigo; mas não pude me conter e, correndo pela sala, tomei-a nos braços. Ela estava não só bastante bela, mas também aparentava boníssimo humor. "Você parece tão feliz!", exclamei assim que ela se sentou.

"Estive em Oxbridge", disse ela.

"Fazendo perguntas?"

"Respondendo-as", replicou.

"Não quebrou nosso juramento?", eu quis saber ansiosa, observando algo em sua silhueta.

"Ah, o juramento", disse ela casualmente. "Vou sim ter um bebê, se é o que quer dizer. Você não imagina", declarou com ímpeto, "como é comovente, como é lindo, como é satisfatório..."

"O quê?", indaguei.

"Res... responder perguntas", retrucou ela, um pouco confusa. E me contou a história toda. Porém no meio do relato, que me manteve interessada e entusiasmada como nada que tivesse ouvido antes, ela emitiu o berro mais peculiar, metade uhuu, metade hooo...

"Castidade! Castidade! Onde está minha castidade?", gritou. "Ajuda, arre! O frasco de perfume!"

Não havia nada no recinto além de uma galheta de mostarda, que eu estava prestes a lhe entregar quando ela recobrou a compostura.

"Devia ter pensado nisso três meses atrás", lhe disse eu com severidade.

"De fato", concordou ela. "Não adianta pensar muito a respeito agora. É uma infelicidade, a propósito, que minha mãe me tenha dado o nome de Castalia."

"Ah, Castalia, sua mãe...", eu ia dizendo quando ela estendeu a mão para pegar o frasco de mostarda.

"Não, não, não", disse ela, balançando a cabeça. "Se você fosse uma mulher casta, teria soltado um grito ao bater os olhos em mim — mas, em vez disso, veio correndo e me abraçou. Não, Cassandra. Nenhuma de nós é casta." E demos sequência à conversa.

Enquanto isso a sala se enchia, pois era dia de reunião para discussão das observações feitas. Todas, pensei comigo, sentiram-se como eu em relação à Castalia. Beijaram-na e comentaram de sua alegria por vê-la mais uma vez. Por fim, uma vez que todas estávamos reunidas, Jane se pôs de pé e anunciou que era hora de dar início à sessão. Primeiramente comentou que já vínhamos naquela perquirição havia mais de cinco anos, e isto apesar de os resultados tenderem a ser inconclusivos — ao que Castalia me cutucou, cochichando que não estava tão certa daquilo. Em seguida ela se levantou e, interrompendo Jane no meio de uma colocação, disse:

"Antes que prossiga, gostaria de saber — devo permanecer neste ambiente? Porque", acrescentou, "preciso confessar que sou uma mulher impura."

Todas a fitaram, atônitas.

"Está grávida?", indagou Jane.

Ela assentiu.

Foi extraordinário observar as diferentes expressões em cada rosto. Uma espécie de burburinho atravessou o recinto, durante o qual pude apreender as palavras "impura", "bebê", "Castalia", e daí por diante. Jane, ela própria consideravelmente comovida, colocou-nos a questão:

"Ela deve ir embora? É impura?"

O alarde que tomou conta da sala era digno de uma algazarra de rua.

"Não! Não! Não! Deixe-a ficar! Impura? Balela!" Todavia, tive a impressão de que algumas das mais jovens, moças de dezenove ou vinte anos, retraíram-se como se tomadas pela timidez. Todas então nos dirigimos a ela com perguntas, até que finalmente vi uma das jovens, que se mantivera no fundo da sala, aproximar-se acanhada e dizer-lhe:

"Mas então o que é a castidade? Afinal é algo bom, ruim, ou nada disso?" Ela respondeu em voz tão baixa que não consegui ouvir.

"Sabe, fiquei em choque", disse outra, "por ao menos dez minutos".

"A meu ver", disse Poll, que estava se tornando ranzinza de tanto ler na Biblioteca de Londres, "a castidade não é nada além de ignorância — um estado de espírito em nada digno de credibilidade. Deveríamos acolher apenas as incastas em nossa sociedade. Voto que Castalia seja nossa presidente."

Protestos violentos se seguiram.

"É tão injusto carimbar em uma mulher o selo da castidade quanto o da ausência dela", disse Poll. "Algumas de nós também não têm a oportunidade. Ademais, não creio que a própria Cassy vá dizer que agiu como agiu por puro amor ao conhecimento."

"Ele tem apenas vinte e cinco anos e é de uma beleza divinal", disse Cassy, com um gesto de arrebatamento.

"Proponho", disse Helen, "que a nenhuma de nós seja permitido falar de castidade ou da falta dela, a não ser que se esteja apaixonada."

"Ah, que maçada", disse Judith, que vinha investigando questões científicas, "não estou apaixonada e anseio por explicar minhas medidas para acabar com as prostitutas e a fertilização de virgens com uma Lei do Parlamento."

Ela então passou a contar-nos sobre uma invenção sua, a ser erigida em estações do metropolitano e outros locais públicos, que, mediante o pagamento de uma taxa simbólica, protegeria a saúde da nação, acolheria seus filhos e aliviaria suas filhas. Depois ela desenvolveria um método para preservar em tubos lacrados os germes dos futuros Lordes Chanceleres "ou poetas ou pintores ou músicos", prosseguiu, "supondo-se, isto é, que essas raças não estejam extintas, e que as mulheres ainda desejem gerar filhos..."

"É claro que queremos ter filhos!", exclamou Castalia, impaciente. Jane tamborilava sobre a mesa.

"É esta, precisamente, a questão que se coloca para nossa apreciação", propôs. "Há cinco anos estamos tentando descobrir se é justificável dar continuidade à raça humana. Castalia acaba de antecipar nossa decisão. Mas cabe a mim e às demais chegarmos a uma conclusão.

A partir daí, uma após a outra, nossas mensageiras se levantaram para oferecer seus relatos. As maravilhas da civilização excediam em muito nossas expectativas e, à medida que descobríamos que o homem podia voar pelo ar, conversar à distância no espaço, penetrar o cerne de um átomo e abarcar o universo em suas especulações, um rumor de admiração eclodia em nossos lábios.

"Orgulha-nos", anunciamos, "que nossas mães tenham sacrificado sua juventude por tal causa!" Castalia, que vinha ouvindo atentamente, parecia ainda mais envaidecida que as demais. Logo Jane nos lembrou de que ainda tínhamos muito a aprender, e Castalia rogou que nos apressássemos. Procedemos então a uma vasta teia de estatísticas. Ficamos sabendo que a Inglaterra tem uma população de tantos milhões, e que tal e tal proporção disso passa fome constantemente ou se encontra atrás das grades; que o tamanho médio da família de um proletário é tal, e que uma parcela bastante alta de mulheres perece de doenças relacionadas ao parto. Leram-se relatos de visitas a fábricas, lojas, cortiços e portos. Descreveram-se a bolsa de valores, um edifício comercial gigantesco no centro e um escritório do governo. Agora discutiam-se as colônias britânicas, com alguma explanação sobre nosso papel na Índia, África e Irlanda. Sentada ao lado de Castalia, pude perceber sua inquietação.

"Neste ritmo nunca chegaremos a conclusão alguma", disse ela. "Como, ao que tudo indica, a civilização é muito mais complexa do que poderíamos supor, não seria melhor nos atermos à indagação original? Concordamos que o objetivo da vida é produzir boas pessoas e bons livros. Até agora discutimos aviões, fábricas e dinheiro. Falemos dos próprios homens e suas artes, pois este é o cerne da questão."

Assim, as que haviam saído para jantar em restaurantes deram um passo à frente, levando longas tiras de papel com as respostas às suas perguntas, delineadas após profunda reflexão. Um bom homem, concordamos, devia sob qualquer circunstância ser honesto, apaixonado e um tanto quanto etéreo. Mas se um determinado homem possuía ou não essas qualidades era algo que só se descobria mediante inquérito, o qual por vezes se iniciava bem longe do seu cerne. Kensington é um bom lugar para viver? Onde seu filho estuda — e sua filha? Agora por favor me responda, quanto paga por seus charutos? A propósito, Sir Joseph é baronete ou apenas cavaleiro? Ocorria não raro que aprendêssemos mais com indagações triviais como essas do que com outras mais direcionadas. "Aceitei o pariato", dissera o Lorde Bunkum, "porque minha esposa o desejava." Esqueço-me de quanto títulos foram aceitos pela mesma razão. "Quando se trabalham quinze das vinte e quatro horas do dia, como eu...", diziam dez mil homens com profissões estabelecidas.

"Não, não, é claro que você não sabe ler nem escrever. Mas por que trabalha tanto?" "Minha cara senhora, com uma família que só cresce..." "Mas *por que* sua família cresce?" Isto também as esposas é que o desejavam, ou talvez o Império Britânico. Mas ainda mais significativas do que as repostas eram as recusas a ofertá-las. Muito poucos respondiam a todas as perguntas sobre moral e religião, e quando o faziam não era com seriedade. Questões tais como o valor do dinheiro e do poder eram quase que invariavelmente ignoradas, e qualquer insistência da inquiridora apresentava risco extremo. "Tenho certeza", disse Jill, "de que se Sir Harley Tightboots não estivesse partindo um carneiro quando eu lhe indaguei sobre o sistema capitalista ele me teria cortado a garganta. O único motivo por que conseguimos escapar da morte tantas vezes é que os homens são tão esfomeados quanto cavalheiros. Eles nos desprezam demais para se importarem com o que dizemos."

"É evidente que nos desprezam", disse Eleanor. "Ao mesmo tempo, como você explica isto — eu fiz pesquisas entre os artistas. Pois bem, nenhuma mulher jamais foi artista, foi, Poll?"

"Jane-Austen-Charlotte-Bronte-George-Eliot", vociferou Poll, como um homem vendendo bolinhos em uma ruela.

"Dane-se essa mulher!", alguém exclamou. "Como é aborrecida!"

"Desde Safo não existe uma mulher de primeira linha...", começou a dizer Eleanor, reproduzindo algo de um jornal semanal.

"Agora bem se sabe que Safo foi uma invenção um tanto quanto obscena do professor Hobkin", interveio Ruth.

"Seja como for, não há razão para supor que qualquer mulher tenha sido capaz de escrever ou que jamais o será", retomou Eleanor. "E, ainda assim, sempre que estou entre escritores eles não param de me falar de seus livros. Magistral! Digo eu, ou, o próprio Shakespeare! (já que é preciso dizer algo) e, garanto a vocês, eles me dão crédito."

"Isso não prova nada", disse Jane. "Todos o fazem. Exceto que", suspirou, "a *nós* isso não diz muito. Talvez devamos examinar a literatura moderna a seguir. Liz é sua vez."

Elizabeth ergueu-se para nos contar que, a fim de promover suas investigações, vestira-se de homem e passara-se por um crítico.

"Venho lendo novos livros regularmente pelos últimos cinco anos", disse ela. "O Sr. Wells é o autor mais popular dos que ainda vivem; em seguida vem o Sr. Arnold Bennett; depois, o Sr. Compton Mackenzie; o Sr. McKenna e o Sr. Walpole podem ser colocados juntos." Sentou-se.

"Mas você não nos disse nada!", protestamos. "Ou está dizendo que esses cavalheiros ultrapassaram em muito Jane-Elliot e que a ficção inglesa está — onde está aquela crítica sua? Ah, sim, 'a salvo nas mãos deles?'"

"A salvo, efetivamente a salvo", disse ela passando o peso do corpo de um pé para o outro, desconfortável. "E estou certa de que eles dão muito mais do que recebem."

Ninguém duvidava. "Mas", insistimos, "eles escrevem bons livros?"

"Bons livros?", disse ela, contemplando o teto. "É preciso lembrar", iniciou ela numa fala rápida, "que a ficção é o espelho da vida. E não se pode negar que a educação é de suprema importância, e que seria extremamente incômodo encontrar-se sozinha em Brighton tarde da noite, sem saber qual a melhor pensão na qual se hospedar, e imaginem que seja um domingo à noite chuvoso — não seria agradável ir ao cinema?"

"Mas o que tem isso a ver?", perguntamos.

"Nada... nada... nada de nada", foi sua resposta.

"Bem, conte-nos a verdade", suplicamos.

"A verdade? Mas não é maravilhoso", ela descontinuou — "o Sr. Chitter escreve um artigo por semana há trinta anos sobre o amor ou torradas quentes com manteiga e mandou todos os seus filhos a Eton..."

"A verdade!", exigimos.

"Ah, a verdade", gaguejou ela, "a verdade nada tem a ver com a literatura" e, sentando-se, recusou-se a dizer mais palavra.

Tudo aquilo nos parecia bastante inconclusivo.

"Companheiras, precisamos tentar resumir os resultados", ia dizendo Jane quando um rumor, que já podia ser ouvido havia algum tempo pela da janela aberta, abafou sua voz.

"Guerra! Guerra! Guerra! Foi declarada a Guerra!", rugiam vozes masculinas na rua abaixo.

Fitamo-nos, horrorizadas.

"Que guerra?", clamamos. "Que guerra?" Lembramo-nos, tarde demais, de que nunca cogitáramos mandar uma de nós à Câmara dos Comuns. Havíamos nos esquecido completamente. Voltando-nos para Poll, que já alcançara as prateleiras de História da Biblioteca de Londres, pedimos-lhe algum esclarecimento.

"Por que", exortamos, "os homens fazem guerra?"

"Às vezes por uma razão, às vezes por outra", ela respondeu calmamente. "Em 1760, por exemplo..." Os gritos na rua se sobrepujaram às suas palavras. "Novamente em 1797... em 1804... Foram os austríacos em 1866... 1870 foi a Franco-Prussiana... Em 1900, por outro lado..."

"Mas agora estamos em 1914!", interrompemo-la.

"Ah, não sei por que esta guerra de agora", admitiu ela.

A guerra terminara e um acordo de paz estava em vias de ser assinado, quando mais uma vez encontrei-me com Castalia no local onde nossas reuniões costumavam acontecer. Começamos a folhear as páginas dos nossos antigos livros de atas, absortas. "Estranho", ponderei, "ver no que pensávamos cinco anos atrás." "Estamos de acordo", Castalia leu sobre meu ombro, "quanto ao objetivo da vida, que é produzir boas pessoas e bons livros." Não fizemos qualquer comentário a respeito. "Um bom homem é sempre honesto, apaixonado e um tanto quanto etéreo." "Que linguagem de mulher!", observei. "Ó, céus", exclamou Castalia afastando de si o livro, "que tolas fomos! Tudo culpa do pai de Poll", acrescentou. "Penso que ele o fez de propósito — aquele testamento despropositado, digo, forçando Poll a ler todos os livros da Biblioteca de Londres. Se não tivéssemos aprendido a ler", disse ela, amarga, "talvez ainda estivéssemos tendo filhos em plena ignorância e esta, creio eu, teria sido no final das contas a vida mais feliz. Sei o que você vai dizer sobre a guerra", ela me atravessou, "e o horror de trazer filhos ao mundo para vê-los serem mortos, mas nossas mães o fizeram, e as mães delas e as mães que vieram antes. E *elas* não reclamavam. Não sabiam ler. Tenho feito o possível", suspirou, "para evitar que minha pequena aprenda a ler, mas de que adianta? Ainda ontem surpreendi Ann com um jornal na mão, e ela já ia me perguntando se era 'verdade'. Daqui a pouco me perguntará se o Sr. Lloyd George é um bom homem, e depois se o

Sr. Arnold Bennett é um bom romancista e, finalmente, se eu acredito ou não em Deus. Como posso criar minha filha para que não creia em nada?", indagou.

"Seguramente pode ensinar-lhe que o intelecto masculino é, e sempre será, fundamentalmente superior ao da mulher?", sugeri. Ela se alegrou diante dessa ideia e recomeçou a folhear as antigas atas. "Sim", disse ela, "pense nas descobertas dos homens, sua matemática, sua ciência, sua filosofia, sua erudição...", e então desatou a rir, "nunca me esquecerei do velho Hobkin e o grampo de cabelo", disse, continuando a ler e rir; parecia-me que estava bastante feliz, quando subitamente ela afastou o livro e disparou: "Ah, Cassandra, por que você me atormenta? Não sabe que nossa crença no intelecto masculino é a maior falácia de todas?" "O quê?", exclamei. "Pergunte a qualquer jornalista, diretor de colégio, político ou dono de taberna por aí e todos lhe dirão que os homens são muito mais inteligentes do que as mulheres." "Como se eu duvidasse", disse ela, com desdém. "Como poderiam não o ser? Pois desde o início dos tempos não os criamos e alimentamos e lhes demos conforto para que pudessem ser inteligentes, mesmo que não passassem disso? É tudo obra nossa!", concluiu. "Nós insistimos no intelecto e o conseguimos. E é o intelecto", emendou, "que está por trás de tudo. O que há de mais encantador do que um menino antes de começar a cultivar o intelecto? Ele é belo aos olhos; não assume ares de superioridade; compreende instintivamente o significado da arte e da literatura; apraz-se com a vida e leva os outros a fazer o mesmo. Até que lhe ensinam a cultivar o intelecto. Ele se torna advogado, funcionário público, general, escritor, professor. Todos os dias vai para o escritório. A cada ano escreve um livro. Mantém uma família inteira a partir dos produtos da sua mente — pobre diabo! Logo não consegue entrar em um recinto sem nos fazer sentir desconfortáveis; é condescendente com todas as mulheres que conhece e não ousa dizer a verdade nem mesmo à sua esposa; em vez de termos prazer em olhá-lo temos de fechar os olhos para tomá-lo nos braços. É verdade que eles se consolam com estrelas de todos os formatos, faixas de todas as cores e ganhos financeiros de todas as ordens — mas a nós o que pode consolar? O fato de podermos daqui a dez anos passar um fim de semana em Lahore? Ou de o menor inseto do Japão ter um nome duas vezes maior do que seu corpo? Ah, Cassandra, por amor aos céus, encontremos uma forma de os homens darem à luz! É nossa única chance. Pois, a não ser que lhes demos alguma ocupação inocente não teremos nem boas pessoas nem bons livros; pereceremos sob os frutos da sua atividade incontida; e nenhum ser humano sobreviverá para saber que um dia existiu um Shakespeare!"

"Tarde demais", assinalei. "Não podemos sustentar nem os filhos que já temos."

"E depois você me pede para acreditar no intelecto", disse ela.

Enquanto dialogávamos, na rua homens exaustos berravam grosseiramente e, prestando atenção, depreendemos que o Tratado de Paz acabava de ser assinado. As vozes se calaram. A chuva caía atrapalhando, sem dúvida, a devida explosão dos fogos de artifício.

"Minha cozinheira já deve ter comprado o Notícias da Noite", disse Castalia, "e Ann irá soletrá-lo durante o chá. Preciso ir para casa."

"Não é nada bom — nada bom", disse eu. "Uma vez que ela aprenda a ler há apenas uma coisa na qual você pode ensiná-la a acreditar — em si mesma."

"Bom, seria uma mudança", suspirou Castalia.

Juntamos os papéis da Sociedade e, embora Ann estivesse bastante contente em brincar com sua boneca, solenemente lhe demos de presente a pilha de papéis e lhe dissemos que ela fora escolhida para ser presidente da Sociedade no futuro — o que a fez irromper em lágrimas, a pobre menininha.

Indolente e alheia, sob as asas fluidamente descerrando espaços, ciosa do percurso, uma garça sobrevoa a igreja cruzando o céu. Alvo e distante, absorto em si mesmo, o céu infinitamente vela e desvela, se move e permanece. Um lago? Encubra suas margens! Uma montanha? Ah, perfeito — o sol, ouro em seus flancos. E lá se vai. Então samambaias, ou penas brancas, para sempre, todo o sempre...

Desejando a verdade, esperando por ela, destilando laboriosamente algumas palavras, para sempre almejando — (um grito irrompe à esquerda, outro à direita. Rodas fustigam o chão, divergentes. Autocarros se aglomeram, conflitantes) — para sempre almejando — (o relógio afirma com doze nítidas badaladas que é meio-dia; a luz projeta escamas douradas; crianças formigam) — para sempre almejando a verdade. Rubra é a cúpula; moedas pendem das árvores; rastros de fumaça saem das chaminés; latido, voz alta, anúncio "Olha o ferreiro" — e a verdade?

Irradiando até certo ponto pés de homens e pés de mulheres, pretos ou cravejados de ouro — (Este clima nevoento — Açúcar? Não, agradeço — A comunidade britânica do futuro) — a luz do fogo emana enrubescendo o recinto, mas não as figuras pretas de olhos brilhantes, e lá fora

Segunda ou terça

um veículo descarrega, Dona Fulana toma chá em sua mesa, e vitrines guardam casacos de pele.

Escancarado, leve como pluma, empilhando-se nos cantos, soprado por entre as rodas, manchado de prata, em casa ou não, ajuntado, alastrado, espargido em escamas separadas, impelido acima, abaixo, rompido, submerso, amontoado — e a verdade?

Agora a recordar frente à lareira, no quadrado branco de mármore. Das profundezas marfins palavras ao emergir lançam seu pretume, florescem e se infiltram. Caído o livro, na labareda, na fumaça, nas faíscas momentâneas — ou agora vagueando, pendente o quadrado de mármore, minaretes abaixo e os mares da Índia, enquanto o espaço corre azul e estrelas reluzem — a verdade? Basta estar perto?

Indolente e alheia a garça retorna; o céu oculta suas estrelas; e então as desnuda.

Tamanha expressão de infelicidade era o suficiente para que meus olhos se desviassem do papel em direção ao rosto da pobre mulher — insignificante sem aquele olhar, quase um símbolo do destino humano. A vida é o que se vê nos olhos das pessoas; a vida é o que elas aprendem e que, uma vez aprendido, nunca, embora elas tentem escondê-lo, conseguem deixar de ter em mente — o quê? Que a vida é assim, ao que parece. Cinco rostos do lado oposto — cinco rostos maduros — e o que cada um deles sabe. Estranho, no entanto, como tentam esconder! Sinais de reticência em todos: lábios cerrados, olhos entreabertos, cada um a fazer alguma coisa para ocultar ou adormentar o que sabe. Um fuma; outro lê; um terceiro examina itens em um livro de bolso; o quarto contempla o mapa da linha pendurado na lateral; e o quinto — o que é terrível sobre o quinto rosto é que sua portadora não faz absolutamente nada. Ela observa a vida. Ah, mas minha pobre mulher infeliz, faça o favor de entrar na brincadeira — por amor a todos nós, esconda-o!

Como se me ouvisse, ela ergueu os olhos, ajeitou-se um pouco no assento e suspirou. Parecia pedir desculpas e ao mesmo tempo dizer-me, "Ah, se você soubesse!" Em seguida voltou a olhar para a vida. "Mas eu sei", respondi internamente, passando os olhos pelo *Times* por educação.

"Sei da coisa toda. 'A paz entre a Alemanha e as Forças Aliadas foi oficialmente estabelecida ontem em Paris — o Senhor Nitti, primeiro-ministro italiano — um trem de passageiros em Doncaster se chocou contra um trem de carga...' Todos sabemos — o *Times* sabe — mas fingimos que não." Meu olhar mais uma vez subiu pela borda do papel. Ela estremeceu, contraiu o braço de forma estranha contra o meio das costas e balançou a cabeça. Outra vez mergulhei no meu grande reservatório de vida. "Pegue o que quiser", continuei, "nascimentos, mortes, bodas, a Circular da Corte, os hábitos dos pássaros, Leonardo da Vinci, o assassinato de Sandhills, os altos salários e o custo de vida — ah, pegue o que quiser", repeti, "está tudo no *Times*!" Outra vez, com uma fadiga sem fim, ela balançou a cabeça de lado a lado até que, como uma tampa exausta de tanto girar, a cabeça estacionou sobre o pescoço.

O *Times* não me isolava de um sofrimento como o dela. Mas os outros seres humanos impediam a interação. A melhor coisa a se fazer contra a vida era dobrar o jornal em um quadrado perfeito, estaladiço, grosso, impermeável até mesmo à vida. Feito isso, ergui rapidamente os olhos, armado com um escudo próprio. Escudo que ela penetrou; fitou-me nos olhos como se procurasse lá no fundo algum sedimento de coragem para, jogando-lhe água, transformá-lo em argila. O tique do braço por si só refutava qualquer esperança, descartava qualquer ilusão.

E assim sacolejamos por Surrey e cruzamos a fronteira de Sussex. Como contemplava a vida, não percebi que os outros viajantes haviam saltado um por um até que, exceto pelo homem que lia, restávamos apenas nós dois. E cá estava a estação de Three Bridges. Dirigimo-nos lentamente até a plataforma e paramos. O homem nos deixaria? Rezei pelas duas coisas — por último, para que ficasse. Nesse instante ele se levantou, amassou o jornal com desprezo, como coisa agora inútil, abriu a porta com força e deixou-nos a sós.

A mulher infeliz, inclinando-se de leve para frente, dirigiu-me a palavra, pálida e insípida — falou de estações e férias, de irmãos em Eastbourne e da época do ano que, já não me recordo, estava no início ou no fim. Ao final, olhando pela janela e enxergando, eu sabia, apenas a vida, ela sussurrou, "Ficar longe — esse é o lado ruim..." Ah, agora nos aproximávamos da catástrofe, "Minha cunhada" — a amargura em sua voz era como limão contra aço frio, e falando não comigo, mas consigo mesma, murmurou "besteira, ela diria — isso é que todos dizem", e enquanto falava estremecia, a pele das suas costas como a de um frango depenado na vitrine de um comércio de aves.

"Olha, a vaca!", ela se desviou do assunto nervosamente, como se a grande e morosa vaca no campo a houvesse assustado, salvando-a de alguma indiscrição. Depois teve um frêmito com o insólito movimento angular que eu vira antes, como se, após o espasmo, algum ponto entre os ombros queimasse ou coçasse. Então voltou a parecer a mulher mais triste do mundo, e tornei a repreendê-la, embora não com a mesma convicção, pois, houvesse uma razão, e eu a soubesse, a vida perderia o estigma.

"Cunhadas", disse eu...

Seus lábios curvaram-se como se para cuspir veneno na palavra; e assim permaneceram. Ela nada fez além de pegar sua luva para esfregar avidamente um ponto no vidro da janela. Fê-lo como se quisesse apagar algo para sempre — uma mancha, uma contaminação indelével. No entanto o ponto venceu toda a fricção, e ela voltou a se afundar no assento com o tremelique e a puxada de braço que eu já esperava. Algo me impeliu a pegar minha própria luva para limpar o vidro ao meu lado. Nele também havia uma pequena marca que, apesar de todo o meu esforço, não desapareceu. E foi então que o espasmo se deu em mim; meu braço se dobrou, repuxando o ponto no meio das costas. Senti também minha pele como a casca úmida da ave à venda no comércio de frango assado; a área entre os ombros coçava e me irritava, e a sensação era pegajosa, de carne viva. Eu conseguiria alcançá-la? Furtivamente tentei. Ela me viu. Um sorriso de infinita ironia, infinito pesar, atravessou seu rosto e se evadiu. Mas ela se comunicara, compartilhara seu segredo, repassara seu veneno; mais não diria. Retraindo-me em meu canto, guardando meus olhos dos seus para contemplar apenas os montes e vales, os cinzas e roxos da paisagem de inverno, li sua mensagem, decifrei seu segredo, decodifiquei-o sob o seu olhar.

Hilda é a cunhada. Hilda, Hilda? Hilda Marsh — Hilda, a florescente, a de peito farto, a matronal. Hilda está de pé à porta quando o táxi chega, segurando uma moeda. "Pobre Minnie, mais gafanhota do que nunca — nesse casaco velho do ano passado. Ora, ora, com dois filhos hoje em dia não se consegue mais do que isso. Não, Minnie, pode deixar; aqui está, motorista — não me venha com suas artimanhas. Entre, Minnie. Ah, pois se eu consigo carregar *você*, imagine sua cesta!" Elas entram na sala de estar. "Tia Minnie. Crianças."

Lentamente as facas e garfos mergulham a partir da vertical. Eles descem (Bob e Barbara), esticam as mãos rigidamente; voltam aos seus assentos, olham fixo entre as garfadas. Mas isto pularemos; ornamentos, cortinas, pratos de porcelana com desenhos de trevo, pedaços oblongos e amarelos de queijo, cubos brancos de biscoito — pulemos — ah, mas espere! Na metade do almoço um daqueles tremeliques; Bob a fita, colher na boca. "Coma sua sobremesa, Bob", mas Hilda desaprova. "Por que ela teria esses faniquitos?" Pulemos, pulemos, até chegarmos ao patamar do andar superior; degraus com adornos em latão; linóleo gasto; ah, sim! quartinho com vista para os telhados de Eastbourne — tetos em ziguezague como a espinha das lagartas, para um lado, para o outro, listras vermelhas e amarelas, telhas azuis quase pretas. Agora, Minnie, a porta está fechada; Hilda desce pesadamente até o porão; você desata as tiras de sua cesta, deita-se sobre a cama uma camisola modesta e, lado a lado, duas pantufas de feltro. O espelho — não, você evita o espelho. Uma disposição metódica de prendedores de chapéu. Talvez a caixa em forma de concha guarde algo? Você a chacoalha; é o brinco de pérola que já estava aqui ano passado — só isso. E então a fungada, o suspiro, o sentar-se diante da janela. Três horas de uma tarde de dezembro; um chuvisco caindo; a luz baixa na claraboia de um empório de tecidos; outra alta no quarto de um criado — esta se apaga. O que a deixa com nada para olhar. O branco de um momento — e agora, em que está pensando? (Deixe-me espiá-la de outro ângulo; está dormindo ou fingindo; no que pensaria ela, sentada à janela às três horas da tarde? Saúde, dinheiro, morros, seu Deus?) Sim, sentada bem na beirada da cadeira, contemplando os telhados de Eastbourne, Minnie Marsh reza para Deus. Até aí, tudo bem; e talvez esfregue a vidraça também, tentando enxergá-lo melhor; mas que Deus ela vê? Quem é o Deus de Minnie Marsh, o Deus das ruas secundárias de Eastbourne, o Deus das três horas da tarde? Eu também vejo tetos, vejo céu; mas, arre — esta coisa de ver Deuses! Mais para presidente Kruger do que príncipe Albert — é o melhor que posso fazer por ele; vejo-o em uma cadeira, de paletó preto, e também não tão ao alto; consigo visualizar uma nuvem ou duas para que ele se sente; e depois ele se arrasta entre as nuvens com um cajado na mão, um cassetete, seria? — preto, grosso, com espinhos — um velho e brutal carrasco — o Deus de Minnie! Teria sido ele quem enviou a coceira e a mancha e o tique? É por isso que ela reza? O que ela tenta limpar no vidro é a mancha do pecado. Ora, pois, que ela cometeu algum crime!

Tenho uma lista deles. As matas se alvoroçam e voam — no verão há sinos das fadas; na clareira ali, ao chegar da primavera, prímulas. Uma separação, talvez, vinte anos atrás? Votos quebrados? Não os de Minnie! Ela era leal. E como cuidou de sua mãe! Todas as economias foram para o túmulo — grinaldas sob vidro — narcisos em jarros. Mas eis que divago. Um crime... Eles diriam que ela guardava para si sua dor, suprimia seu segredo — seu sexo, diriam eles — os homens da ciência. Mas que disparate colocar-lhe uma sela, *logo nela*, sexual! Não — foi mais o seguinte. Passando pelas ruas de Croydon vinte anos atrás, os laços de fita violeta cintilando sob a luz elétrica na vitrine da loja de tecidos atraem sua atenção. Ela se detém — passa das seis. Ainda assim, se correr, conseguirá chegar à casa. Ela entra pela porta pivotante de vidro. É época de liquidação. Bandejas rasas transbordam de fitas. Ela para, puxa esta, alisa aquela com as rosas em relevo — não há necessidade de escolher ou de comprar, e cada bandeja tem suas surpresas. "Só fechamos às sete", e de repente *são* sete. Ela corre, se apressa, em casa chega, mas tarde demais. Vizinhos — o médico — irmão mais novo — o bule — escaldado — hospital — morto — ou apenas choque, culpa? Ah, mas os detalhes não importam! É isso que ela traz consigo; o ponto nas costas, o crime, a coisa a expiar, sempre ali entre seus ombros. "Sim", ela parece concordar comigo, "eis o que fiz".

Se o fez, ou o que fez, pouco me importa; não é o que procuro. A vitrine dos tecidos com fitas violeta aneladas — está de bom tamanho; um pouco simplório talvez, um pouco trivial — já que é amplo o rol de crimes, mas a questão é que esses tantos (deixe-me espreitá-la novamente — ainda dorme, ou finge que dorme! pálida, cansada, lábios cerrados — um toque de obstinação, mais do que se poderia imaginar — nenhuma indicação de sexo) — esses tantos crimes não são o *seu* crime; o seu foi banal; apenas a retribuição solene; pois agora a porta da igreja se abre, o banco duro de madeira a acolhe; nos azulejos pardos ela se ajoelha; a cada dia, inverno, verão, crepúsculo, aurora (como agora), ela reza. Seus pecados desaguam todos, desaguam, para sempre desaguam. O ponto entre os ombros os recebe. Está inchado, está vermelho, está ardendo. E então um espasmo. Moleques apontam. "Bob no almoço hoje" — Mas as velhas são as piores.

De fato, agora você não pode mais ficar aí sentada rezando. Kruger já se afunda entre as nuvens — removido como se pela pincelada líquida cinza de um pintor, com o acréscimo de um toque de preto — até mesmo a ponta do cassetete já era. É o que sempre acontece! Basta que você o veja, o sinta, para que alguém a interrompa. Desta vez é Hilda.

Como você a detesta! Ela chega a trancar a porta do quarto de banho durante a noite, embora você só queira água fria, porque às vezes quando a noite está difícil parece que se lavar ajuda. E John no desjejum — as crianças

— as refeições são o que há de pior, e por vezes vêm amigos — as samambaias não os tapam por completo — eles também adivinham; e lá vai você caminhar em frente à casa, onde as ondas são cinzentas, e os papéis voam, e as cabines de vidro são verdes e arejadas, e as cadeiras custam dois *pence* — muito caro — pois deve haver pregadores pela orla. Ah, vai ali um negro — ali um homem engraçado — ali um com periquitos — pobres criaturinhas! Não há ninguém aqui que pense em Deus? — logo acima, sobre o píer, com seu cajado — mas não — nada há além do cinza no céu ou, quando azul, nuvens brancas o cobrem, e a música — é música militar — e estão pescando o quê? E conseguem fisgá-lo? Como as crianças encaram! Bom, depois de volta para casa por um atalho — "Para casa por um atalho!" As palavras têm significado; poderiam ter sido ditas pelo velho de barba — não, não, esse não chegou a falar; mas tudo tem um sentido — letreiros em portas — nomes sobre vitrines — frutas vermelhas em cestas — cabeças de mulher no salão de beleza — tudo diz "Minnie Marsh!" Mas lá vem um tique. "Ovos são mais baratos!" É o que sempre acontece! Eu já ia atirá-la cachoeira abaixo, direto e reto na insanidade, quando, como um rebanho de ovelhas imaginárias, ela se vira alhures e escapa por entre meus dedos. Ovos são mais baratos. Atada às orlas do mundo, nada dos crimes, tristezas, rapsódias ou insanidades para a pobre Minnie Marsh; ela que nunca se atrasa para o almoço; nunca sai na tempestade sem capa de chuva; nunca está totalmente inconsciente da barateza dos ovos. Assim ela chega em casa — tira o gelo das botas.

Será que eu a li corretamente? Mas o rosto humano — o rosto humano acima da página mais cheia de letras impressas carrega mais, oculta mais. Agora, olhos abertos, ela olha para fora; e no olhar humano — como defini-lo? — há uma ruptura — uma divisão — como quando alguém encosta no caule e a borboleta voa — a mariposa que paira à noite sobre a flor amarela — mova-se, levante a mão e adeus, alto, embora. Eu não levantarei a mão. Pois fique aí, tique, vida, alma, espírito, o que quer que você seja de Minnie Marsh — eu também, sobre a minha flor — o falcão sobre os pastos — solitário, ou qual seria o valor da vida? Levantar voo; pairar à noite, ao meio-dia; pairar sobre os pastos. Um abano de mão — adeus, voa! depois parado novamente. Solitário, invisível; a ver tudo tão imóvel lá embaixo, tudo tão belo. Ninguém vê, ninguém se importa. Os olhos dos outros, nosso cárcere; seus pensamentos nossas jaulas. Ar acima, ar abaixo. E a lua e a imortalidade... Ah, mas eu despenco na relva! Você também está caída? Você no canto, qual o seu nome — mulher — Minnie Marsh; ou algo do tipo? Lá está ela, agarrada ao seu botão de flor; abrindo a bolsa, de onde tira uma casca oca — um ovo — quem estava dizendo que ovos eram mais baratos? Você ou eu? Ah, foi você que o disse no caminho para casa, lembra-se, quando o senhor idoso, subitamente abrindo o guarda-chuva — ou teria sido espirrando? Seja como for, Kruger se foi, você voltou para casa por um atalho e tirou o gelo das botas. Sim. E agora você se deita sobre os joelhos um lenço de bolso no qual coloca pequenos fragmentos angulares de casca de ovo — fragmentos de um mapa — um quebra-cabeça. Quisera eu poder montá-lo! Se ao menos você parasse quieta. Ela move os joelhos — o mapa se desfaz novamente. Descendo as encostas dos Andes vão os blocos brancos de mármore, quicando em alta velocidade, esmagando até a morte toda uma caravana de tropeiros espanhóis com seu comboio — o espólio de Drake, ouro e prata. Mas a retornar...

Ao quê, aonde? Ela abriu a porta e, colocando a sombrinha no cabide — isso é óbvio; assim como o aroma de carne vindo do porão etc. Mas o que não posso dessa forma eliminar, o que devo, com a cabeça baixa, os olhos fechados, com a coragem de um batalhão e a cegueira de um touro, atacar e dispersar são, indubitavelmente, as figuras por trás das samambaias, os caixeiros-viajantes. Lá os escondi todo este tempo na esperança de que de alguma forma desaparecessem, ou melhor, emergissem, como de fato devem, para que a história prossiga ganhando riqueza e inteireza, destino e tragédia, como devem fazer as histórias, carregando consigo dois, se não três, caixeiros-viajantes e todo um bosque de aspidistras. "As folhas da aspidistra apenas em parte ocultam o caixeiro-viajante..." Rododendros o esconderiam por completo, e de lambuja me dariam meu toque de vermelho e branco, pelo qual anseio e luto; mas rododentros em Eastbourne

— em dezembro — sobre a mesa dos Marsh — não, não, não ouso; tudo se resume a pão velho e galheteiros, babados e samambaias. Talvez haja um momento posterior, à beira-mar. Ademais sinto, futucando prazerosamente a treliça verde por cima do vidro ornamentado inclinado, um desejo de espiar e espionar o homem em frente — apenas um é que consigo ver. James Moggridge, seria ele, a quem os Marsh chamam de Jimmy? [Minnie, prometa não se mexer até que eu compreenda direito]. James Moggridge compra e vende — digamos, botões? — mas ainda não é hora de buscar *botões* — os grandes e os pequenos nas grandes cartelas, alguns de olho de pavão, outros dourados foscos; alguns de quartzo fumê, outros de ramo de coral — mas minha suspeita é que ainda não esteja na época. Ele viaja e, às quintas-feiras, seu dia em Eastbourne, faz as refeições na casa dos Marsh. Seu rosto vermelho, pequenos olhos parados — em nada comuns — seu enorme apetite (isto é certo; ele não olha para Minnie até que o pão tenha lambido todo o molho de carne), guardanapo em diamante enfiado na blusa — mas isto é incipiente e, o que quer que cause no leitor, não o tome por verdadeiro. Passemos para a residência de Moggridge, coloquemo-la em ação. Bem, as botas da família são consertadas aos domingos pelo próprio James. Ele lê o *Truth*. Mas sua paixão? Rosas — e sua esposa enfermeira aposentada do hospital — interessante — por Deus, deixe-me ter ao menos uma mulher com um nome que me agrade! Mas não; ela é dos filhos não nascidos da mente, ilícita, mesmo assim amada, como meus rododendros. Quantos morrem em cada romance escrito — os melhores, os mais queridos, enquanto Moggridge vive. É culpa da vida. Cá está Minnie comendo seu ovo no momento, em frente e no canto oposto da linha — já passamos de Lewes? — lá deve estar Jimmy — ou por que esse tique?

Lá deve estar Moggridge — culpa da vida. A vida impõe suas leis; a vida bloqueia o caminho; a vida está atrás da samambaia; a vida é o tirano; ah, mas não o carrasco! Não, pois garanto a você que venho de vontade própria; venho instigado por sabe Deus que compulsão, por entre samambaias e galheteiros, mesa manchada e garrafas vazadas. Venho sem amarras alojar-me num ponto da carne firme, da espinha robusta, onde quer que consiga penetrar ou encontre apoio na pessoa, na alma, de Moggridge, o homem. A enorme estabilidade do tecido; a coluna rija como osso de baleia, reta como um carvalho; costelas que irradiam galhos; a carne, lona esticada; cavidades vermelhas; o coração que suga e regurgita; ao passo que, do alto, cai a carne em cubos marrons e a cerveja jorra, espumando, para ser transformada em sangue novamente — e assim chegamos aos olhos. Por trás da aspidistra eles avistam algo: preto, branco, sombrio; agora de novo o prato; por trás da aspidistra eles veem mulher idosa; "A irmã de Marsh, Hilda, é mais o meu tipo", agora a toalha de mesa. "Marsh saberia o que há de errado com os Morris..." discutem esse tópico; chega o queijo; o prato de novo; viram-no do outro lado — os dedos enormes; agora a mulher em frente. "A irmã de Marsh — em nada se parece com Marsh; mulher idosa, miserável... Você deveria dar de comer às suas galinhas... Por Deus, o que lhe causa esses tremeliques? Não o que *eu* disse? Arre, arre! essas velhas. Arre!"

[Sim, Minnie; eu sei que você acaba de ter um espasmo, mas um minuto — James Moggridge].

"Arre, arre, arre!" Como é belo o som! Como batida de marreta em madeira envelhecida, como o pulsar do coração de um velho baleeiro quando o mar adensa e o verde embaça. "Arre, arre!" Que sino fúnebre para as almas dos inquietos, a acalmá-los e consolá-los, cobri-los com linho, dizendo "Adeus. Boa sorte a vocês!", e então, "O que desejam?", pois, embora Moggridge costumasse colher rosas para ela, agora já é tarde, é passado. E qual o próximo passo? "Senhora, vai perder o trem", pois eles não esperam.

Esse é o jeito do homem; esse é o som que reverbera; aqui estão a St. Paul's e os ônibus a motor. Mas estamos limpando os farelos. Ah, Moggridge, não vai ficar mais? Precisa ir embora? Vai viajar por Eastbourne esta tarde, em um daqueles cochezinhos? Você é o homem que se vê emparedado em caixas de papelão verdes, às vezes com a cortina fechada, às vezes sentado tão solene com o olhar fixo como o de uma esfinge, e sempre com um quê de sepulcral no olhar, um quê de agente funerário, de caixão, enquanto o crepúsculo envolve cavalo e cavaleiro? Conte-me — mas as portas se fecham. Nunca nos veremos novamente. Moggridge, adeus!

Sim, sim, estou chegando. Subindo até o andar de cima. Vou ficar um pouquinho. Como a lama se revolve na mente — que redemoinho esses monstros deixam, as águas ondulantes, algas oscilantes e verde aqui, preto acolá, chocando-se na areia, até que pouco a pouco os átomos se reagrupam, o sedimento filtra a si mesmo, e novamente os olhos enxergam com clareza e placidez, e vem aos lábios uma certa oração para os que se foram, exéquias para as almas daqueles a quem se acena, aqueles a quem nunca se encontrará novamente.

James Moggridge agora está morto, foi-se para não mais voltar. Bem, Minnie — "Não suporto mais." Se ela disse isso — (Deixe-me fitá-la. Está varrendo a casca de ovo para vales profundos). Ela o disse com certeza, apoiando-se na parede do quarto e puxando as bolinhas que emolduram a cortina cor de clarete. Mas quando o eu conversa com o eu, quem é que fala? — a alma sepulta, o espírito guiado ao fundo, ao fundo, ao fundo da catacumba central; o eu que se vela e abandona o mundo — um covarde quiçá, e no entanto em algo belo, sarandeando com sua tocha de cima a baixo pelos corredores escuros. "Não posso mais", diz o espírito dela. "Aquele homem no almoço — Hilda — as crianças." Ah, meu Deus, seus soluços! É o espírito lamuriando seu destino, o espírito levado a tantas partes, alojando-se nos tapetes pouco a pouco menores — âncoras frágeis — remanescentes ressequidos de todo o universo pouco a pouco extinto — amor, vida, fé, esposo, filhos, sabei-me lá que esplendores e pompas vislumbrados na meninice. "Não são para mim — não são para mim."

E então — os bolinhos, o cão velho e calvo? Tapetes de miçangas, eu diria, e o consolo das roupas de baixo. Se Minnie Marsh fosse atropelada e levada ao hospital, as enfermeiras e os próprios médicos exclamariam.... Existe o vislumbre e existe a visão — existe a distância — a borra azul ao final da via, enquanto, afinal de contas, o chá está forte, o bolinho quente, e o cão — "Benny, já para a sua casinha, mocinho, e veja o que mamãe lhe trouxe!" Assim, pegando a luva de polegar gasto, desafiando mais uma vez o demônio enxerido dos furos e rasgos, você refaz os barrados, tramando a lã cinza, deslizando-a de um lado a outro.

Deslizando-a de um lado a outro, na largura e por cima, tecendo uma teia com a qual o próprio Deus — psiu, não pense em Deus! Como são firmes os pontos! Deve estar orgulhosa do seu próprio cerzido. Que nada a perturbe. Que a luz caia suavemente, e as nuvens revelem na primeira folha verde um coletinho de terno. Que o pardal repouse no galho, derrubando a gota de chuva presa à sua aresta... Por que olhar para cima? Foi um som, um pensamento? Ó, céus! De volta àquilo que você cometeu, à vitrine com fitas violeta? Mas Hilda virá. Ignomínias, humilhações, ah! Feche a brecha.

Uma vez remendada a luva, Minnie Marsh a coloca na divisória. Fecha-a decidida. Vislumbro seu rosto refletido na janela. Lábios apertados. Queixo erguido.

Em seguida ela amarra os cadarços. E então leva a mão ao pescoço. Como é o seu broche? De visco ou em formato de forquilha? E o que está acontecendo? Ou estou gravemente equivocada ou o pulso se acelera, o momento chega, os fios correm, Niágara à frente. Dá-se a crise! Deus a proteja! Ela desce. Coragem, coragem! Encare-a de frente, seja-a! Pelo amor de Deus, não fique esperando no tapete! A porta está logo ali! Estou do seu lado. Fale! Confronte-a, confunda-lhe a alma!

"Oh, perdão! Sim, estamos em Eastbourne. Eu alcanço para você. Deixe-me pegar a alça. [Mas, Minnie, mesmo que mantenhamos as aparências, eu a li corretamente — acompanho-a agora].

"Toda a sua bagagem está aqui?"

"Muito obrigada, está sim."

(Mas por que olha em volta? Hilda não virá à estação, nem John, e Moggridge está se embrenhando por Eastbourne).

"Vou esperar junto à minha mala, madame, é melhor. Ele disse que viria me encontrar... Ah, lá está ele! Meu filho.

E juntos se vão.

Bem, mas estou confusa... Certamente, Minnie, você é quem sabe! Jovem estranho... Pare! Eu contarei a ele — Minnie! — Srta. Marsh! — Porém, não sei. Há algo estranho no casaco dela voando ao vento. Ah, mas é inverídico, é indecente.... Veja como ele se curva quando chegam ao portão. Ela pega o bilhete. Qual é a graça?

Lá se vão eles, pela rua, lado a lado... Ora pois, lá se vai meu mundo! Onde estou? O que sei? Aquela não é Minnie. Nunca houve um Moggridge. Quem sou eu? A vida é estéril como ossos.

E, no entanto, meu último relance deles — ele descendo da calçada e ela o seguindo ao contornarem o grande edifício — me enche de espanto; me inunda e renova. Figuras misteriosas! Mãe e filho. Quem são? Por que caminham pela rua? Onde esta noite dormirão, e depois amanhã? Ah, como rodopia e se avulta — me eleva e revigora! Começo a segui-los. Pessoas em veículos cruzam para cá e para lá. A luz branca crepita e deságua. Vitrines. Cravos, crisântemos. Heras em jardins escuros. Carretas de leite à porta. Onde quer que eu vá, figuras misteriosas, eu as vejo, virando a esquina, mães e filhos, vocês, vocês, vocês. Apresso-me, sigo-as. Isto, pondero, deve ser o mar. Cinzenta é a paisagem, fosca como cinzas; a água murmura e se move. Se caio de joelhos, se me submeto ao ritual, às práticas antigas, são vocês, figuras desconhecidas, vocês que eu adoro; se abro os braços, são vocês que eu abraço, vocês que atraio para mim — mundo adorável!

Pois bem, cá estamos nós e, se você passar os olhos pelo recinto, verá que metrôs e bondes e ônibus, coches particulares nada escassos, até mesmo, ouso acreditar, landaus com divisórias internas têm estado ocupados transitando de um extremo a outro de Londres. Entretanto, começo a ter minhas dúvidas...

Se de fato for verdade, como dizem, que a Regent Street já está operante, e que o Tratado foi assinado, e que o clima não está frio para esta época do ano, e que mesmo com o aluguel nas alturas não se acha apartamento, e que o pior da gripe são os efeitos tardios; se eu achar que esqueci de escrever sobre o vazamento na despensa, e tiver deixado minha luva no trem; se os laços de sangue me exigirem que, com uma reverência, eu aceite cordialmente a mão estendida, talvez, com hesitação...

"Sete anos desde que nos encontramos!"

"Da última vez em Veneza."

"E onde está morando agora?"

"Bom, o fim de tarde é melhor para mim, se não for pedir demais..."

"Mas eu o reconheci na hora!"

"Pois é, e a guerra fez uma pausa..."

Se a mente é perfurada por essas pequenas flechas, e — pois a sociedade humana o obriga — assim que uma é lançada, outra já se prepara; se isso gera calor e, além disso, alguém tiver ligado a luz elétrica; se dizer uma coisa tantas vezes acarreta uma necessidade de aprimorar e rever, mobilizando, além de arrependimentos, prazeres, vaidades e desejos — se são todos os fatos, digo, e chapéus, estolas de pele, fraques e alfinetes de gravata, vêm à tona — que chance se tem?

De quê? Torna-se a cada minuto mais difícil dizer por que, apesar de tudo, encontro-me aqui sentada acreditando que não sei agora dizer o que, ou ao menos lembrar-me da última vez que aconteceu.

"Viu a procissão?"

"O rei aparentava frieza."

"Não, não, não. Mas o que foi afinal?"

"Ela comprou uma casa em Malmesbury."

"Que sorte encontrar uma!"

Ao contrário, a mim parece seguro que ela, seja lá quem for, está malfadada, já que tudo gira em torno de apartamentos e chapéus e gaivotas, ou ao menos é o que parece para as cem pessoas aqui sentadas, bem-vestidas, emparedadas, cobertas de peles, repletas. Não que eu possa me gabar, já que também me encontro passivamente acomodada em uma cadeira dourada, a revirar o solo que cobre uma memória enterrada, como fazemos todos, pois há sinais, se não me engano, de que estamos todos relembrando algo, furtivamente buscando algo. Por que o gesticular nervoso? Por que tanta ansiedade quanto ao caimento dos sobretudos; e as luvas — abotoá-las ou desabotoá-las? Então observe aquele rosto idoso em frente à tela escura, há um instante elegante e ruborizado; agora taciturno e triste, como se sob uma sombra. Isto foi o som do segundo violino sendo afinado na antessala? Lá vêm eles; quatro figuras negras portando seus instrumentos, tomando seus assentos diante dos quadrados brancos sob o feixe de luz; apoiando as pontas dos arcos nas estantes; juntos os erguem, posicionam-nos delicadamente e, com uma olhadela para o companheiro da frente, o primeiro violino conta um, dois, três...

Desabrocha, rebenta, brota, explode! A pereira no topo da montanha. Fontes jorram; gotas caem. Mas as águas do Ródano fluem fáceis e fundas, correm sob os arcos varrendo folhas pelo caminho, fazendo sombra para os peixes prateados, os peixes pintados tragados pelas águas ágeis, agora empurrados para um redemoinho onde — difícil, isto — conglomeram-se em uma poça; saltando, espirrando, deslizando suas barbatanas afiadas; a corrente tão efervescente faz voarem pedrinhas amarelas em círculos e mais círculos — livres agora, elas se precipitam corrente abaixo, ou até, de alguma forma, se lançam pelo ar em incríveis espirais; curvam-se como as lascas produzidas por uma plaina; pulam, pulam... Como é agradável a bondade naqueles que, a passos lépidos, andam a sorrir pelo mundo! E também nas velhas peixeiras gozadoras, acocoradas sob as arcadas, velhas obscenas, como riem com o corpo todo e se sacodem e se mexem sem pudor, quando andam, de um lado para o outro, pom, pam!

"Esta é das primeiras de Mozart, certamente..."

"Mas a melodia, como todas as dele, só me faz perder o ânimo — quero dizer, ter esperança. O que estou dizendo?

Que isto é o pior da música! Quero dançar, rir, comer bolinhos cor-de-rosa, amarelos, beber vinho seco e ácido. Ou uma história indecente neste momento — seria uma boa ideia. Quanto mais velho se fica, mas se passa a gostar da indecência. Rá, rá! Estou rindo. De quê? Você não disse nada, nem o senhor em frente... Mas suponhamos — suponhamos — Psiu!"

O rio de melancolia nos leva adiante. Quando a lua se infiltra pelos galhos pendentes do salgueiro, vejo seu rosto, ouço sua voz e o pássaro que canta ao passarmos pelo canteiro de vime. O que você está sussurrando? Tristeza, tristeza. Alegria, alegria. Entrelaçadas, como juncos à luz da lua. Entrelaçadas, inextricavelmente amalgamadas, atadas na dor e esparramadas na amargura — um estrondo!

O barco afunda. Emergindo, ascendem as figuras, agora finas como folhas, afunilando-se até se condensarem em um vulto obscuro com a extremidade em chamas, que arranca sua paixão dúplice do meu coração. Para mim ele canta, desvela minha dor, degela a compaixão, inunda de amor o mundo sem luz, nem, cessando, se furta à ternura, mas habilmente, sutilmente, trama-se de um lado a outro até que, dessarte, nessa consumação, os desgarrados se unem; solevam-se, soluçam, submergem para repousar, sofrimento e alegria.

Ora, por que lamentar? Perguntar o quê? Continuar insatisfeito? Tenho para mim que tudo já está resolvido; sim; enterrado sob uma colcha de folhas de roseira, caindo. Caindo. Ah, mas elas param. Uma folha, tombando de enorme altura, como um pequeno paraquedas lançado de um balão invisível, se vira, trêmula oscila. Não nos alcançará.

"Não, não. Não percebi nada. É o que há de pior na música — esses sonhos bobos. O segundo violino estava atrasado, na sua opinião?"

"Lá está a velha Sra. Munro, apalpando o caminho até a saída — mais cega a cada ano, a pobre — neste chão escorregadio."

Velhice sem olhos, esfinge de cabelos grisalhos… Lá está ela na calçada, acenando, tão austera, para o ônibus vermelho.

"Que beleza! Como tocam bem! Como — como — como!"

A língua nada mais é do que um sino a badalar. A própria simplicidade. As plumas no chapéu ao meu lado são chamativas e atraentes como um chocalho de criança. A folha verde do plátano brilha pela fenda na cortina. Deveras estranho, empolgante.

"Como — como — como!" Psiu!

Eis os amantes na relva.

"Pegue, madame, na minha mão…"

"Senhor, eu confiaria em você de todo o coração. Ademais, deixamos nossos corpos no salão do banquete. Aqueles ali na grama são as sombras das nossas almas."

"Então aqueles são os abraços das nossas almas." Os limões assentem, concordando. O cisne se afasta da margem e desliza, sonhando, até a corrente.

"Mas, voltando. Ele me seguiu pelo corredor e, quando viramos a esquina, pisou no rendado da minha anágua. O que podia eu fazer exceto gritar 'Ah!' e parar para ajeitar o tecido? Foi aí que ele puxou a espada, movendo-se como se matasse alguém e vociferando 'Louca! Louca! Louca!' E eu gritei, e eis que o Príncipe, que escrevia no livro grosso de velino à janela de sacada, apareceu com seu gorro de veludo e pantufas peludas, arrancou um espadim da parede — presente do Rei da Espanha, sabia — e eu escapei, cobrindo-me com a sua capa para esconder os danos à minha saia — para esconder... Mas ouça! As cornetas!"

O cavalheiro responde tão prontamente à dama, e ela sobe na escala com tão arguta troca de cortesias a culminar em um lamento de paixão, que as palavras se tornam indistinguíveis embora o sentido seja bastante óbvio — amor, riso, fuga, busca, êxtase celestial — flutuando todos na mais alegre vaga de tenro afeto — até que o som das cornetas de prata, de início longínquo, gradualmente se ouve mais e mais claramente, como senescais que saudassem a aurora ou proclamassem macabros a fuga dos amantes... O verde jardim, poça ao luar, limoeiros, amantes e peixes se dissolvem todos no céu opala, sobre o qual, ao se unirem às cornetas os trompetes, apoiados pelos clarins, erguem-se arcadas alvas plantadas firmemente sobre pilares de mármore... Transitar e trombetear. Tinido e retinido. Firme estabelecimento. Fundações fátuas. Marcha de miríades. Confusão e caos pisoteados a pó. Mas esta cidade à qual nos destinamos não tem pedra ou mármore; pende e perdura; permanece imperturbável; nem tem rosto, nem bandeira de saudação ou acolhimento. Deixe então perecer a esperança; largue no deserto minha alegria; nua, avance. Lisos são os pilares; auspiciosos a ninguém; sombras não oferecem; resplandecentes; severos. De revés então caio, ávida não mais, desejando apenas partir, encontrar a rua, marcar edifícios, cumprimentar a vendedora de maçãs, dizer à criada que abre a porta: Uma noite estrelada.

"Boa noite, boa noite. Vai para este lado também?"

"Infelizmente, não. Vou para aquele."

Verde

Dedos ocos de cristal pendem na vertical. Deles escorre luz, gotejando uma poça verde. Todo o dia as dez falanges do lustre derramam verde sobre o mármore. Penas de periquitos — piados estridentes — lâminas afiadas de palmeiras — verdes também; agulhas verdes cintilando ao sol. Mas o vidro rijo pinga no mármore; poças pairam sobre a areia do deserto; camelos as atravessam, cambaleantes; as poças se assentam no mármore; margeadas por juncos; obstruídas por algas; cá e lá uma flor branca; pula por cima um sapo; à noite jazem intactas as estrelas. Cai a noite, e sua sombra varre o verde por sobre a lareira; a superfície frisada do oceano. Nenhum navio vem; vagas sem rumo ondulam sob o céu limpo. É noite; das agulhas pingam gotas de azul. O verde já não é mais.

Azul

Com seu nariz diminuto o monstro sobe à superfície, espirrando pelas narinas chatas duas colunas de água, que, brancas flamejantes ao centro, esguicham formando uma franja de miçangas azuis. Traços azuis estampam sua pele de lona preta. Esguichando água pela boca e narinas ele canta, farto de água, e sobre ele o azul se encerra, encharcando os seixos lustrosos dos seus olhos. Atirado na praia, estrebuchado, cego, obtuso, ele perde escamas azuis secas. O azul metálico tinge o metal enferrujado sobre a areia. Azuis são as ripas do barco a remo que naufragou. Uma onda passa sob os sinos azuis. Mas a catedral está diferente, fria, repleta de incensos, de um azul pálido como o véu das madonas.

Do canteiro oval de flores brotavam uns cem caules, expandindo-se no meio em folhas ovaladas ou em formato de coração e desembocando no topo em pétalas vermelhas, azuis ou amarelas de superfície pontilhada em relevo e em cores; e do sombreado vermelho, azul ou amarelo da garganta emergia um filete reto, áspero de poeira dourada e um pouco mais espesso na ponta. As pétalas eram grandes o suficiente para oscilar com a brisa de verão e, quando isso acontecia, luzes vermelhas, azuis e amarelas deslizavam umas por cima das outras projetando no solo pequenas nódoas da mais intrincada cor. A luz recaía sobre o dorso cinza e liso de uma pedra ou sobre as ranhuras circulares marrons da concha de um caracol, ou ainda, atingindo uma gota de chuva, expandia o fino contorno da água em um vermelho, azul e amarelo tão intensos que parecia prestes a fazê-la explodir e esvaecer. Em vez disso, porém, a gota se manteve prateada e a luz foi repousar sobre a polpa de uma folha, revelando a ramificação de fibras sob sua superfície, e então moveu-se mais uma vez, espalhando sua luminosidade pelos amplos espaços verdes sob o domo das folhas ovaladas ou em forma de coração. Logo a brisa se intensificou, propelindo a cor pelos ares e fazendo-a penetrar os olhos dos homens e mulheres que passeavam pelos Jardins de Kew em julho.

As figuras desses homens e mulheres margeavam o canteiro em um trajeto curiosamente irregular, um tanto quanto semelhante ao das borboletas brancas e azuis que cruzavam a grama em ziguezague de um canteiro a outro. O homem andava umas seis polegadas à frente da mulher a passos tranquilos, enquanto ela avançava com mais propósito, olhando para trás apenas vez ou outra para verificar se as crianças não estavam muito atrás. A distância mantida pelo homem em relação à mulher era deliberada, embora talvez inconsciente, pois ele desejava ter com os seus pensamentos.

"Quinze anos atrás estive aqui com Lily", pensou ele. "Sentamo-nos em algum lugar por ali, perto de um lago, e eu lhe implorei que se casasse comigo ao longo de toda aquela tarde calorenta. Como a libélula voava em torno de nós: vejo-a nitidamente, bem como o sapato de Lily, com a fivela prateada quadrada sobre os dedos. O tempo todo, enquanto falava, eu via o sapato, e quando este se movia com impaciência eu sabia sem precisar erguer os olhos o que ela diria: todo o seu ser parecia estar contido no sapato. E meu amor, meu desejo, o estava na libélula; por algum motivo pensei que se ela pousasse ali naquela folha, aquela folha larga com a flor vermelha ao centro, se a libélula pousasse naquela folha, ela finalmente diria "sim". Mas o inseto voava em círculos e mais círculos: jamais pousava onde quer que fosse — é evidente que não, é fortuito que não, ou eu não estaria aqui caminhando com Eleanor e as crianças — "Diga-me, Eleanor. Costuma pensar no passado?"

"Por que a pergunta, Simon?"

"Porque eu estava relembrando o passado. Estava pensando em Lily, a mulher com quem quase me casei... Bem, mas por que esse silêncio? Importa-lhe que eu rememore o passado?"

"E por que me importaria, Simon? Não é normal que se pense no passado em um jardim cheio de homens e mulheres recostados nas árvores? Não são eles o passado de alguém, tudo o que dele resta, esses homens e mulheres, esses fantasmas sob as árvores... a felicidade de alguém, a realidade de alguém?"

"Para mim, uma fivela prateada quadrada e uma libélula..."

"Para mim, um beijo. Imagine seis garotinhas sentadas diante de seus cavaletes à beira de um lago, vinte anos atrás, pintando as ninfeias, as primeiras ninfeias vermelhas que eu já vira até então. E de súbito um beijo, ali, na minha nuca. E minha mão tremeu a tarde toda, não consegui mais pintar. Tirei o relógio e marquei a hora em que eu me permitiria pensar sobre o beijo por cinco minutos apenas — era tão precioso — o beijo de uma velha de cabelos brancos com uma verruga no nariz, a mãe de todos os beijos da minha vida. Venha, Caroline, venha, Hubert."

Passaram os quatro pelo canteiro, agora lado a lado, e logo apequenaram-se entre as árvores, tornando-se quase transparentes com a luz do sol e as sombras nadando em suas costas, em grandes borras irregulares e tremeluzentes.

No canteiro oval, o caracol, cuja concha tingira-se de vermelho, azul e amarelo por alguns minutos, agora parecia mover-se lentamente em sua casca, para em seguida dar início a um trabalhoso rastejo por sobre as pelotas de terra que se soltavam e caíam quando ele passava rolando sobre elas. Ele parecia ter um objetivo claro em mente, distinguindo-se neste aspecto do peculiar e anguloso inseto verde que, a passos altos, tentou atravessar à sua frente, e que, após pausar por um segundo com as antenas tremelicando como se em deliberação, virou-se e voltou na direção oposta com o mesmo passo estranho e lépido de antes. Escarpas ocres com profundos lagos verdes em seus recôncavos, árvores planas como lâminas balançando do topo à raiz, rochas cinzentas redondas, amplas superfícies rugosas de textura quebradiça — todos esses objetos se encontravam no itinerário do caracol, entre um caule e outro, até o seu destino. Antes que pudesse decidir se devia contornar a tenda arqueada de uma folha morta ou encará-la de frente, surgiram próximo ao canteiro os pés de outros seres humanos.

Desta vez eram dois homens. O mais jovem tinha uma expressão de calma artificial, talvez; erguia os olhos e fixava-os reto à frente enquanto o companheiro falava, e assim que este terminava de falar baixava-os novamente e às vezes afastava os lábios, mas apenas após uma longa pausa, e outras vezes não os abria de todo. O mais velho tinha um jeito assimétrico e vacilante de andar, jogando a mão para frente e a cabeça para trás abruptamente, em muito semelhante a um cavalo de carga impaciente, cansado de esperar em frente a uma casa; mas no homem esses gestos eram irresolutos e sem sentido. Ele falava quase que sem cessar; sorria para si mesmo e recomeçava, como se o sorriso tivesse sido a resposta para o que dissera. Falava de espíritos — as almas dos mortos que, segundo ele, naquele exato momento lhe contavam toda sorte de peculiaridades sobre suas experiências no Céu.

"Os antigos conheciam o paraíso como Tessália, William, e agora, com esta guerra, a matéria espiritual está rolando entre os morros com força total." Ele parou, pareceu escutar, sorriu, meneou a cabeça e continuou: "Pega-se uma pequena bateria elétrica e um pedaço de borracha para isolar o fio — isolar? — insular? — bem, pulemos os detalhes, não serve a nada entrar em detalhes que não seriam compreendidos — e, em suma, a maquininha fica em qualquer posição conveniente à cabeceira da cama, digamos, sobre um banquinho de mogno limpo. Sendo todos os arranjos feitos da maneira correta pelos trabalhadores, sob ordens minhas, a viúva aproxima a orelha e invoca o espírito com um sinal, como combinado. Mulheres! Viúvas! Mulheres de preto..."

Neste ponto ele pareceu vislumbrar a distância uma mulher com um vestido que, à sombra, parecia de cor preta arroxeada. Tirou o chapéu, levou a mão ao coração e correu até ela, murmurejando e gesticulando de modo febril. Mas William pegou o velho pela manga e encostou a ponta da sua bengala em uma flor para desviar sua atenção. Após fitá-la por um momento, um tanto quanto confuso, o velho baixou a orelha na direção da flor e pareceu responder a uma voz que saísse dela, pois passou a falar das florestas do Uruguai que visitara centenas de anos antes em companhia da jovem mais bela da Europa. Era possível ouvi-lo balbuciar coisas sobre as florestas do Uruguai que eram cobertas pelas pétalas de cera das rosas tropicais, os rouxinóis, as praias, sereias e mulheres afogadas no mar, enquanto ele se deixava guiar adiante por William, em cujo rosto via-se uma expressão de estoica paciência que, aos poucos, se tornava mais e mais proeminente.

Seguindo-o tão de perto a ponto de se deixar quase que atordoar pelos seus gestos vinham duas senhoras idosas de classe média baixa, uma corpulenta e vagarosa, a outra lépida e de faces rosadas. Como à maioria das pessoas do seu meio, claramente lhes fascinava qualquer sinal de excentricidade que indicasse uma mente em desordem, especialmente entre os mais abastados; mas, para discernir se tais gestos eram de mera excentricidade ou genuína loucura, elas se encontravam distantes demais. Após perscrutarem por um instante as costas do velho em silêncio e entre si trocarem um olhar astuto e afetado, seguiram adiante desenvolvendo com ímpeto um diálogo muito complexo:

"Nell, Bert, Lot, Cess, Phil, Pa, ele disse, eu disse, ela disse, eu disse, eu disse, eu disse..."

"Meu Bert, a Mana, Bill, Vovô, o velho, açúcar,
Açúcar, farinha, peixe defumado, verduras,
Açúcar, Açúcar, Açúcar."

A mulher vagarosa avistou, através dos retalhos de palavras soltas e com curiosa expressão, as flores que se erguiam frias, rijas e eretas sobre a terra. Viu-as como alguém que, ao acordar de um sono profundo, se depara com um castiçal de bronze a refletir a luz de forma inusitada, e por isso pestaneja e, surpreendendo-se novamente com o objeto, arregala por fim os olhos para concentrar-se inteiramente nele. E assim foi que a mulher corpulenta estacou em frente ao canteiro oval, desistindo até mesmo de fingir dar atenção ao que dizia a outra mulher. Ali ficou sob a chuva de palavras, balançando lentamente a parte superior do corpo para frente e para trás e contemplando as flores. Sugeriu então que elas encontrassem um lugar para se sentar e tomar seu chá.

O caracol, a esta altura, já ponderara toda e qualquer forma de chegar ao seu destino sem contornar ou escalar a folha morta. Não bastasse o esforço necessário para subir nela, ele duvidava que a textura fina, que vibrava com tão alarmante ruído quando ele a tocava com a ponta dos chifrinhos, fosse capaz de suportar seu peso; e isto foi determinante para que ele afinal decidisse rastejar sob a folha, pois havia um ponto em que ela se curvava o bastante para que ele ali coubesse. Tão logo ele inseriu a cabeça na abertura e encontrava-se a averiguar o teto alto e amarronzado, habituando-se à fria luz e parda, aproximaram-se do lado de fora dois outros indivíduos pela grama. Desta vez eram dois jovens, um rapaz e uma moça. Estavam na flor da idade, ou até mesmo naquela estação que precede a flor da idade, a estação prévia ao momento em que as dobras róseas e macias da flor rebentam seu viscoso invólucro, durante a qual as asas da borboleta, embora totalmente crescidas, ainda ficam imóveis ao sol.

"Que sorte não ser sexta-feira", observou ele.

"Por quê? Acredita na sorte?"

"Eles cobram seis *pence* na sexta."

"Ah, mas o que são seis *pence*? Isto aqui não vale seis *pence*?"

"O que é 'isto aqui' — o que quer dizer com 'isto'?"

"Bem, qualquer coisa... quero dizer... você sabe o que quero dizer."

Longas pausas se passaram entre cada uma dessas observações; comentários proferidos em vozes opacas e monótonas. O casal permaneceu de pé à margem do canteiro de flores, e juntos enfiaram fundo na terra fofa a ponta do guarda-sol da moça. Esta ação e o fato de a mão dele ter tocado o dorso da dela expressava seus sentimentos de forma estranha, assim como tinham também algo a expressar aquelas poucas e insignificantes palavras, palavras de asas curtas para o seu grande corpo de significado, insuficientes para levá-los muito longe, e que portanto caíram desajeitadas sobre os objetos bastante comuns que os circundavam, e que eram ao seu toque inexperiente tão enormes; mas quem é que sabe (pensaram eles afundando o guarda-sol no chão) que precipícios não se esconderão nelas, ou que encostas de gelo não brilharão ao sol do outro lado? Quem o sabe? Quem já viu isto antes? Mesmo quando ela se perguntou que tipo de chá era servido em Kew, ele sentiu que por trás das palavras pairava algo e lá reinava vasto e sólido; e a neblina muito lentamente se amainou e dissipou — Ó, céus, o que eram aquelas figuras? — mesinhas brancas e garçonetes que olharam primeiro para ela e só então para ele; e havia uma conta que ele pagaria com uma moeda de verdade de dois xelins, e que era real, tudo era real, tranquilizou-se ele virando a moeda entre os dedos no bolso, real para todos exceto para ele e ela; mesmo para ele começava a parecer real; e então — mas era excitante demais para continuar parado pensando — ele arrancou o guarda-sol do chão com uma puxada brusca e saiu a procurar impaciente o local onde se tomava chá com outras pessoas, como outras pessoas.

"Venha, Trissie; é hora do nosso chá."

"Onde, Deus, se serve esse chá?", perguntou ela com o mais bizarro agudo de excitação na voz, olhando em volta vagamente e deixando-se conduzir pela grama, arrastando seu guarda-sol, virando a cabeça para cá e para lá, esquecendo-se do chá, desejando descer ali e depois acolá, lembrando-se das orquídeas e grous entre as flores silvestres, um pagode chinês e um pássaro de crista vermelha; mas ele a impelia adiante.

Assim, um casal após o outro, com muito do mesmo movimento irregular e aleatório, passava pelo canteiro deixando-se envolver em uma camada sobre a outra de vapor azul esverdeado, em meio ao qual, de início, seus corpos tinham substância e um toque de coloração, mas logo em seguida tanto a substância quanto a coloração se dissolviam na atmosfera azul esverdeada. Como estava quente! Tão quente que até mesmo o sabiá decidiu saltitar à sombra das flores como um pássaro mecânico, com longas pausas entre um movimento e o próximo; em vez de ambular aleatoriamente, as borboletas brancas dançavam umas acima das outras, delineando com seus erráticos flocos brancos uma coluna de mármore rachada acima das árvores mais altas; o telhado vítreo da estufa reluzia como se um mercado inteiro de sombrinhas verdes brilhantes tivesse se aberto ao sol; e, no zunir de um aeroplano, a voz do céu de verão sussurrava sua alma feroz. Amarelo e preto, cor-de-rosa e branco neve, formas de todas essas cores, homens, mulheres e crianças podiam ser vistos por um segundo no horizonte, e então, percebendo a vastidão de amarelo que se estendia sobre a grama, hesitavam e buscavam sombra sob as árvores, dissolvendo-se como gotas de água na atmosfera amarela e verde e manchando-a sutilmente de vermelho e azul. Era como se todos os corpos torpes e pesados se houvessem afundado imóveis no calor e agora se agrupassem sobre o chão, mas suas vozes partissem fraquejando para longe, como chamas libertando-se lânguidas dos corpos espessos das velas de cera. Vozes. Sim, vozes. Vozes sem palavras, quebrando o silêncio de súbito, com um contentamento tão profundo, um desejo tão apaixonado, ou, na voz das crianças, uma surpresa tão vicejante; rompendo o silêncio? Mas não havia silêncio; o tempo todo os ônibus a motor andavam sobre rodas e mudavam de marcha; como um grande jogo de caixas chinesas de aço forjado girando incessantemente umas dentro das outras, a cidade rumorejava; acima dela as vozes ecoavam altas e as pétalas das miríades de flores lampejavam pelo ar suas cores.

A marca na parede

Deve ter sido em meados de janeiro deste ano que eu olhei para cima e vi pela primeira vez a marca na parede. Para estabelecer uma data é preciso lembrar-se do que foi visto. Por isso penso no fogo; na fina e perene camada de luz amarela acima da página do meu livro; nos três crisântemos no vaso redondo de vidro sobre a lareira. Sim, deve ter sido no inverno, e tínhamos acabado de terminar o chá, pois lembro que estava fumando um cigarro quando ergui os olhos e vi a marca na parede pela primeira vez. Ergui os olhos em meio à fumaça do cigarro e pousei-os por um instante sobre as brasas ardentes, e aquela antiga fantasia da bandeira carmesim agitando-se no castelo me veio à mente, e pensei sobre a cavalgada de cavaleiros vermelhos subindo pela encosta do rochedo negro. Para meu alívio, a visão da marca interrompeu meu devaneio, pois trata-se de um devaneio antigo, um devaneio automático, criado talvez enquanto criança. A marca era um pequeno círculo preto sobre a parede branca, cerca de seis ou sete polegadas acima da lareira.

Com que prontidão nossos pensamentos se avultam sobre um objeto novo, solevando-o um tanto, como formigas carregando diligentemente um fio de palha para depois o abandonar... Se aquela marca foi feita por um prego, não deve ter sido para um quadro, mas sim para uma pintura em miniatura — a imagem de uma moça com cachos brancos cobertos de pó, pó sobre as faces e lábios como cravos vermelhos. Uma falsificação, é claro, pois os antigos donos desta casa teriam escolhido quadros desse tipo — um quadro velho para um quarto velho. Este é o tipo de gente que eram — gente bastante interessante, e penso neles com tanta frequência, em locais tão exóticos, pois eles jamais serão vistos de novo, jamais se saberá que fim deram. Quiseram sair desta casa porque desejavam mudar o estilo da mobília, dissera ele, e já ia dizendo que na sua opinião a arte deveria ser fundamentada em ideias quando fomos separados, assim como somos separados da velha prestes a servir o chá ou o jovem prestes a dar com a raquete na bola de tênis no quintal da casa suburbana quando passamos em alta velocidade num trem.

Quanto à marca, contudo, não estou certa; não creio que tenha sido feita por um prego, no final das contas; é muito grande, muito redonda para isso. Eu poderia subir ali, mas se o fizer e examiná-la de perto, aposto que não saberei dizer com certeza; porque, tão logo algo é feito, nunca se sabe como aconteceu. Ó, céus, o mistério da vida; A inexatidão do pensamento! A ignorância da humanidade! Para mostrar como temos pouco controle de nossas posses — o quão acidental é este viver, após tanta civilização — deixe-me apenas relacionar algumas das coisas perdidas nesta vida, começando, pois esta parece ser sempre a mais misteriosa das perdas — que gato roubaria, que rato roeria — por três latas azul-claras de ferramentas para encadernação de livros. E também havia as gaiolas de pássaros, os aros de ferro, os patins de aço, o balde de carvão Queen Anne, o tabuleiro de bilhar, a sanfona — tudo perdido, e as joias também. Opalas e esmeraldas espalham-se em torno das raízes de nabo. É um tal de raspar e aparar esta vida, sem dúvida! Impressiona é que eu tenha roupas no corpo, que esteja circundada de móveis sólidos neste momento. Ora, se for para comparar a vida a algo, deve-se equipará-la a ser lançado pelo túnel do metrô a cinquenta milhas por hora — caindo no final da linha sem um só grampo no cabelo! Ser lançado aos pés de Deus completamente nu! Estrebuchar-se de cabeça pra baixo no Campo de Asfódelos como um pacote de papel pardo jogado rampa abaixo no correio! Com o cabelo voando para trás como o rabo de um cavalo de corrida. Sim, isso parece expressar a velocidade da vida, o perpétuo desfazer e remendar; tudo tão casual, tão aleatório...

Mas após a vida. O lento entortar dos caules verdes espessos para que o cálice da flor, ao verter-se, derrame um banho de luz violeta e rubra. Por que, afinal, não se haveria de nascer lá como se nasce aqui, indefeso, inarticulado, incapaz de focar a visão, apalpando as raízes da grama aos pés dos Gigantes? Quanto ao que são árvores e o que são homens e mulheres, ou se há tais coisas, não se saberá dizer nos próximos cinquenta anos, mais ou menos. Não haverá nada além de espaços de luz e sombra intercalados por grossos caules e, um pouco mais acima, talvez, borrões em forma de rosa, de cor indistinta — rosa e azul pálidos —

que, com o passar do tempo, se tornarão mais definidos, se tornarão — não sei o quê...

E, no entanto, aquela marca na parede não é um buraco em absoluto. Pode inclusive ter sido causada por alguma substância preta arredondada, como uma folhinha de roseira remanescente do verão, e eu, não sendo uma dona de casa muito vigilante — observe a poeira na lareira, por exemplo, a poeira que, como dizem, cobriu Troia três vezes, apenas fragmentos de vasos recusando-se solenemente à aniquilação, como se poderia crer.

A árvore que se vê pela janela bate suavemente no vidro... Quero pensar com calma, silêncio e espaço, sem jamais ser interrompida, sem jamais ter de me levantar da cadeira, para deslizar com facilidade de uma coisa à outra, sem qualquer senso de hostilidade ou obstáculo. Quero submergir mais e mais, para longe da superfície e seus fatos rígidos e isolados. Para que eu me estabilize, deixe-me apanhar a primeira ideia que passa... Shakespeare... Bem, ele é tão útil tanto quanto qualquer outro. Um homem que se sentava pesadamente em uma poltrona e contemplava o fogo, de modo que... uma chuva de ideias lhe caía perpetuamente à mente de algum paraíso elevado. Apoiava a testa na mão e as pessoas, espiando pela porta aberta — pois esta cena deve se passar em um fim de tarde de verão — Mas como é tediosa esta ficção histórica! Não me interessa de todo. Quisera eu esbarrar em alguma linha de pensamento agradável, uma linha que indiretamente revelasse um mérito meu, pois são estes os pensamentos mais agradáveis, e bastante frequentes, mesmo na mente das pessoas mais modestas e opacas, que creem genuinamente não se comprazer com elogios a si mesmas. Não se trata de pensamentos que enaltecem a pessoa diretamente; esta é sua beleza; são pensamentos como este:

"E então entrei no recinto. Eles estavam discutindo botânica. Contei-lhes que havia visto uma flor crescendo sobre um monte de poeira no terreno de uma antiga casa em Kingsway. A semente, disse eu, deve ter sido semeada no reinado de Carlos I. Que flores havia no reinado de Carlos I?" Perguntei-lhes — (mas não me lembro da resposta). Flores altas com espiguetas roxas, talvez. E assim por diante. O tempo todo estou vestindo a figura de mim mesma na mente, amorosamente, sorrateiramente, não a adorando a olhos vistos, pois se o fizesse me pegaria no ato e logo esticaria a mão para pegar um livro com o qual me proteger. Com efeito, é curioso como instintivamente se protege a imagem de si mesmo da idolatria, ou qualquer outro tratamento que a torne ridícula ou tão diferente do original que ela deixe de ser crível. Ou não é tão curioso assim, afinal? É coisa de grande importância. Suponha que o espelho se quebre, a imagem se desfaça, e a figura romântica circundada pelo verde das florestas profundas não mais exista, mas tão somente sua carapaça, a que é vista pelos outros — que sem ar, raso, calvo e saliente se tornaria o mundo! Um mundo impróprio para a vida. Quando nos entreolhamos dentro dos ônibus e linhas de metrô nos vemos no espelho; isto explica nosso olhar vago e vítreo. Os romancistas do futuro perceberão cada vez mais a importância dessas reflexões, pois é evidente que não há apenas uma reflexão, mas um número quase infinito; estas são as profundezas a ser exploradas, os fantasmas a ser perseguidos, que eliminarão cada vez mais das histórias a descrição da realidade, presumindo um conhecimento desta, como faziam os gregos e talvez Shakespeare — mas estas generalizações são bastante inócuas. O som militar da palavra já basta. Remete a editoriais, ministros de gabinete — toda uma classe de coisas que, de fato, quando criança, se pensava serem as próprias coisas, as coisas padrão, as coisas reais, das quais não se podia desviar exceto sob o risco de cair em uma danação inominável. Generalizações trazem de volta, de alguma forma, domingos em Londres, passeios vespertinos de domingo, almoços de domingo, e também formas de se referir aos mortos, roupas e hábitos — como o de sentar-se juntos em uma sala até determinada hora, embora ninguém gostasse daquilo. Havia uma regra para tudo. A regra da toalha de mesa naquele momento em particular dizia que esta devia ser feita de tapeçaria com pequenos compartimentos amarelos, como se veem nas fotografias dos tapetes de corredores de palácios. Toalhas de mesa de outro tipo que não esse não eram verdadeiras toalhas de mesa. Como era espantoso, mas também maravilhoso, descobrir que aquelas coisas reais, almoços de domingo, passeios de domingo, casas de campo e toalhas de mesa não eram inteiramente reais, mas sim metade fantasmas, e que a danação reservada ao cético nada mais era do que um senso de liberdade ilegítima. O que agora toma o lugar dessas coisas, pergunto-me, dessas coisas reais, canônicas? Os homens, talvez, se você for mulher; o ponto de vista masculino que governa nossa vida, que define o padrão, que estabelece a Tabela de Precedência de Whitaker, que se tornou, suponho, desde a guerra, metade fantasma para muitos homens e mulheres, e que logo, espera-se, será jogada com um riso de escárnio no lixo para onde vão os fantasmas, os aparadores de mogno e as gravuras de Landseer, Deuses e Demônios, o Inferno e assim por diante, deixando-nos a todos com um senso intoxicante de liberdade ilegítima — se é que a liberdade existe...

Sob determinadas luzes a marca da parede parece na verdade projetar-se dela. E também não é perfeitamente circular. Não o digo com certeza, mas ela parece criar uma sombra imperceptível, dando a impressão de que, se eu passar o dedo por cima, em um dado momento meu dedo irá subir e descer sobre um pequeno monte, uma elevação macia como os túmulos de South Downs que são, dizem, ou tumbas ou tendas. Dos dois eu preferiria que fossem tumbas, pois almejo a melancolia como a maioria dos ingleses, e acho natural pensar, ao fim de uma caminhada, sobre os ossos espalhados sob a grama... Deve existir algum livro sobre o tema. Algum antiquário deve ter desenterrado esses ossos e lhes dado um nome... Que tipo de homem é o antiquário, me pergunto? Coronéis reformados em sua maioria, ouso dizer, coordenando grupos de colaboradores idosos até um cume para examinar torrões de terra e rocha, e que dialogam com o clero da região em correspondências que, sendo abertas à hora do desjejum, dão-lhes um senso de importância, e para comparar pontas de flecha eles precisam viajar pelo campo até as cidades do condado, uma necessidade agradável tanto para eles quanto para as suas esposas idosas que se aprazem em fazer geleia de ameixa ou limpar o sótão, e têm todos os motivos para manter a grande questão da tenda ou da tumba em eterna suspensão, enquanto o próprio coronel se sente agradavelmente filosófico ao acumular evidências que atestem ambos os lados da questão. É fato que ao final ele tende a acreditar na tenda; e, ao ser contrariado, redige um panfleto que está prestes a ler na reunião trimestral da sociedade local quando um derrame o atinge, e seus últimos pensamentos conscientes não são sobre esposa ou filhos, mas sobre a tenda e a ponta da flecha, que agora se encontra em exposição no museu local juntamente com o pé de uma assassina chinesa, um punhado de pregos elisabetanos, uma diversidade de cachimbos de argila da era Tudor, um pedaço de vaso romano e uma taça de vinho da qual Nelson bebeu — o que prova algo que realmente não sei o que é.

Não, não, nada se prova, nada se sabe. E se eu me levantasse neste exato momento e observasse que a marca na parede é de fato — o que, digamos? — a cabeça de um velho prego gigante, martelado ali duzentos anos antes e que agora, graças ao atrito paciente de gerações e gerações de criadas, revela sua cabeça pela camada de tinta, ganhando como primeira visão da vida moderna uma sala de paredes brancas e lareira, o que eu ganharia? — Conhecimento? Assunto para maiores especulações? Consigo pensar sentada tanto quanto de pé. E o que é o conhecimento? O que são nossos homens sábios senão descendentes de bruxas e eremitas que se agachavam em cavernas e bosques preparando ervas, interrogando ratos e registrando a linguagem das estrelas? E quanto menos os honrarmos, conforme nossas superstições se apoucam e nosso respeito pela beleza e a saúde da mente aumenta... Sim, pode-se imaginar um mundo bastante agradável. Um mundo silente, espaçoso, com flores vermelhas e azuis vibrantes nos campos abertos. Um mundo sem professores ou especialistas ou caseiros com perfil de policial, um mundo que se pudesse trinchar com o pensamento como um peixe trincha a água com sua barbatana, esbarrando nos caules das ninfeias, pairando suspenso sobre os ninhos de ouriços-do-mar brancos... Como é pacífico lá embaixo, quando se está enraizado no centro do mundo e se olha para cima pelas águas turvas e seus súbitos lampejos de luz e reflexos — não fosse o Almanaque de Whitaker — não fosse a Tabela de Precedência!

Devo pular desta cadeira e averiguar por mim mesma em que consiste, afinal, a marca na parede — um prego, uma folha de roseira, uma racha na madeira?

Eis a Natureza, mais uma vez, em seu velho jogo de autopreservação. Esta linha de pensamento, ela percebe, ameaça ser mero desperdício de energia, até mesmo colidir de alguma forma com a realidade, pois quem jamais poderá se opor à Tabela de Precedência de Whitaker? O Arcebispo de Canterbury é seguido pelo Lorde Chanceler; o Lorde Chanceler é seguido pelo Arcebispo de York. Todos seguem alguém, prega a filosofia de Whitaker; e a grande questão é saber quem segue quem. Whitaker sabe e deixe que, como aconselha a Natureza, isto o conforte em vez de enraivecê-lo; e, se você não puder ser confortado, se tiver de destruir este momento de paz, pense na marca na parede.

Entendo o jogo da Natureza — seu estímulo à ação como forma de pôr fim a qualquer pensamento que ameace excitar ou machucar. Disto, suponho, vem nosso leve desdém pelos homens de ação — homens que, presumimos, não pensam. Ainda assim, não há mal e colocar um ponto final nos próprios pensamentos desagradáveis ao fitar a marca na parede.

De fato, agora que fixo meus olhos nela, sinto que me agarro a um pedaço de madeira no mar; sobrevém-me um satisfatório senso de realidade que, de uma só tacada, transforma os dois Arcebispos e o Lorde Chanceler em sombras obscuras. Eis aqui algo definido, algo real. Assim é que, acordando de um pesadelo horrendo à meia-noite, acendemos às pressas a luz e permanecemos em silêncio, idolatrando a cômoda com suas gavetas, idolatrando a solidez, idolatrando a realidade, idolatrando o mundo impessoal que é prova de alguma existência para além da nossa. É disso que queremos ter certeza... Madeira é algo agradável de se pensar a respeito. Ela vem da árvore; e as árvores crescem, e não sabemos como elas crescem. Crescem por anos e anos a fio sem nos dar a menor atenção, em pradarias, florestas, à margem de rios — todas coisas agradáveis de se pensar a respeito. As vacas sob as árvores abanam seus rabos nas tardes quentes; os rios se tingem de um tal verde que, quando uma galinha d'água mergulha, espera-se que suas penas estejam todas verdes quando ela voltar à superfície. Gosto de pensar nos peixes equilibrando-se contra a corrente como bandeiras ao vento; e nos besouros aquáticos levantando abóbadas de lama no leito do rio. Gosto de pensar na própria árvore: primeiro a sensação seca e morna de ser madeira; depois o desabar da tempestade; e depois o gotejar delicioso da seiva. Gosto de pensar nela também nas noites de inverno, ereta no campo vazio com todas as folhas enroladas, nada de tenro exposto às balas de ferro da lua, um mastro nu sobre uma terra que cai, cai, a noite toda. A música dos pássaros deve ressoar bastante alta e estranha em julho; e como devem esfriar as patas dos insetos ao pisar nela no laborioso progresso ascendente pela casca, ou quando tomam sol sobre o fino toldo verde das folhas, olhando reto à frente com olhos vermelhos em forma de diamante... Uma a uma as fibras estalam sob a imensa e fria pressão da terra, até que chega a última tempestade e, ao cair, os galhos mais altos se afundam no solo novamente. Mesmo assim, a vida ainda não chega ao fim;

há para uma árvore um milhão de vidas pacientes e vigilantes ao redor do mundo, em quartos, navios, na calçada, cobrindo paredes de salas onde homens e mulheres se reúnem após o chá para fumar cigarros. Ela é cheia de pensamentos de paz, pensamentos de felicidade, esta árvore. Eu gostaria de tomar cada um em separado — mas há algo no caminho... Onde estava eu? Sobre o que foi tudo isto? Uma árvore? Um rio? Os morros de Downs? O Almanaque de Whitaker? Os campos de asfódelos? Não me lembro de nada. Tudo se move, cai, escapa, se esvai... Há uma grande comoção de matéria. Alguém se avulta por cima de mim e me diz:

"Vou sair para comprar um jornal."

"Pois sim?"

"Se bem que de nada adianta comprar jornal... Nada acontece. Dane-se esta guerra; ao diabo com esta guerra!... De qualquer forma, não vejo por que tínhamos de ter um caracol na nossa parede."

Ah, a marca na parede! Era um caracol.

a ficção moderna

Ao se empreender qualquer análise da ficção moderna, mesmo a mais livre e despretensiosa, é difícil não partir do princípio de que a prática atual dessa arte é, de alguma forma, um aprimoramento da antiga. Com ferramentas simples e materiais primitivos, pode-se dizer, Fielding fez um bom trabalho e Jane Austen ainda melhor, mas compare as oportunidades deles com as nossas! Suas obras-primas certamente têm um estranho ar de simplicidade. E, no entanto, a analogia entre literatura e o processo, para citar um exemplo, de fabricar automóveis, pouco guarda de verídica num olhar mais aprofundado. É questionável se, no decurso dos séculos, embora muito tenhamos aprendido sobre a construção de máquinas, chegamos a aprender algo sobre o fazer literatura. Não passamos a escrever melhor; tudo o que podemos alegar é estarmos em fluxo, agora numa direção, depois em outra, mas com uma tendência circular se o percurso total for visto de um cume alto o bastante. Nem é preciso dizer que não pretendemos estar, nem por um momento, neste posto de observação elevado. No campo abaixo, entre a multidão, meio cegos com a poeira, voltamo-nos para trás para olhar com inveja aqueles guerreiros felizes, cuja batalha já foi vencida e cujas glórias se revestem de uma aura tão serena de conquista que mal podemos evitar comentar que a batalha não foi tão dura para eles como é para nós. Cabe ao historiador de Literatura decidir; ele é quem deve dizer se agora estamos no início, ou no fim, ou no meio de um grande período de ficção em prosa, pois cá embaixo, na planície, pouco se vê. Sabemos apenas que certas gratidões e hostilidades nos inspiram; que certos caminhos parecem levar à terra fértil, outros ao pó e ao deserto; e sobre isso talvez convenha discorrer brevemente.

Nossa contenda, portanto, não é com os clássicos; e, se falamos em ir contra Wells, Bennett e Galsworthy, é em parte porque, graças à existência em carne e osso desses escritores, suas obras são dotadas de uma imperfeição quotidiana, viva, pulsante, que nos impele a tomar com elas as liberdades que nos convenham. Porém é também verdade que, se mil dádivas lhes agradecemos, nossa gratidão incondicional reservamos a Hardy, Conrad e, em muito menor grau, ao Hudson de *The Purple Land, Green Mansions* e *Longe e Há Muito Tempo*. Wells, Bennett e Galsworthy suscitaram tantas esperanças e as frustraram com tal constância que nossa gratidão, em grande parte, existe por eles terem nos mostrado o que poderiam ter feito mas não fizeram; o que nós, é certo, não poderíamos fazer, mas talvez com igual certeza não queiramos fazer. Nenhuma expressão resumirá a acusação, ou queixa, que temos a levantar contra um conjunto de obras tão vasto e tão cheio de qualidades, tanto admiráveis quanto o contrário. Se tentássemos condensar nosso pensamento em uma palavra, diríamos que esses três escritores são materialistas. É porque se preocupam não com o espírito, mas com o corpo, que nos decepcionaram, deixando-nos com a sensação de que, quanto mais cedo a ficção inglesa lhes der as costas, ainda que polidamente, e debandar, rumo ao deserto que seja, melhor será para a sua alma. Naturalmente, nenhuma palavra sozinha atingirá o centro de três alvos distintos. No caso de Wells, ela passa notavelmente ao largo. Porém, mesmo neste caso, ilustra para nosso pensamento o composto fatal que existe em seu gênio, o grande bloco de argila que se funde com a pureza da sua inspiração. Mas Bennett talvez seja dos três o maior culpado, pois é de longe o melhor artífice. É capaz de construir um livro com tal solidez e firmeza de técnica que dificilmente o crítico mais exigente detectará uma brecha ou fissura por onde a decomposição possa se infiltrar. Não há uma fenda sequer nas janelas ou qualquer rachadura nas tábuas. E, no entanto — e se a vida se recusar a ali permanecer? Esse é um risco que o criador de *The Old Wives' Tale,* George Cannon, Edwin Clayhanger e de uma série de outras figuras pode bem alegar ter superado. Seus personagens vivem com abundância, até mesmo de forma imprevisível, mas resta-nos indagar como vivem e para que vivem? Mais e mais eles nos parecem, abandonando até mesmo a robusta mansão de *Five Towns*, passar o tempo num vagão almofadado de trem de primeira classe, acionando um sem número de sinos e botões; e o destino para o qual partem com tanta pompa se torna mais e mais inegavelmente um êxtase eterno passado no melhor hotel de Brighton. Não se pode dizer de Wells que seja materialista no sentido de se comprazer demasiado com a solidez do seu tecido. Sua mente é tão generosa em seus afetos que não lhe permite gastar tempo excessivo na criação de coisas ordeiras e superficiais. Ele é materialista por pura bondade de coração; toma para si o trabalho que compete a oficiais de governo e, em meio à profusão das suas ideias e fatos, mal tem ocasião de perceber, ou esquece-se de crer importantes, a crueza e a rudeza dos seus seres humanos. Entretanto, pode haver crítica mais perniciosa à sua terra e ao seu céu do que a de que eles serão habitados, cá e lá, por suas Joans e seus Peters? A natureza inferior desses seres não macula quaisquer instituições e ideais que lhes possam ser oferecidos pela generosidade do seu criador? Tampouco, a despeito do profundo respeito que nutrimos pela integridade e a humanidade de Galsworthy, encontraremos em suas páginas aquilo que buscamos.

Se, dessarte, atribuímos a todos esses livros o selo de "materialistas", queremos com isso dizer que seus autores escrevem sobre coisas desimportantes; que empregam imensa habilidade e engenhosidade para que o trivial e o transitório pareçam ser reais e permanentes.

Devemos admitir que somos rigorosos e, ademais, que nos é difícil justificar este descontentamento explicando o que é que exigimos. Formulamos a questão de forma distinta em momentos distintos. Mas ela ressurge, persistente, quando no ápice de um suspiro deitamos sobre a mesa o livro lido — valeu a pena? Qual o objetivo de tudo isto? Será possível que, em um desses pequenos desvios a que o espírito humano parece sujeitar-se de tempos em tempos, Bennett tenha empunhado seu magnífico aparato para apreender a vida um ou dois centímetros de esguelha? A vida escapa; e talvez, sem a vida, nada mais valha a pena. É uma confissão de indefinição ter de usar uma tal metáfora, mas pouco melhor seria falarmos em realidade, como tendem a fazer os críticos. Admitindo a vaguidão que aflige toda a crítica de romances, ousemos dizer que para nós, neste momento, a forma mais em voga de ficção tende a nos furtar, mais do que a assegurar, o que buscamos. Quer o chamemos de vida ou espírito, verdade ou realidade, esse algo, o essencial, evade-se, segue adiante, recusando-se a permanecer contido nas vestes mal-amanhadas que lhe oferecemos. Ainda assim, seguimos em frente persistentes, conscienciosos, construindo nossos trinta e dois capítulos a partir de um modelo que cada vez mais deixa de se assemelhar à visão que tínhamos em mente. Muito do gigantesco labor de comprovar a solidez e a verossimilhança da história não apenas é em vão, mas é esforço mal direcionado que chega a obscurecer e obliterar a luz da concepção. O escritor parece coagido, não por seu próprio livre arbítrio, mas por algum tirano pujante e inescrupuloso que o mantém agrilhoado, a formular um roteiro, a proporcionar comédia, tragédia, interesse amoroso e uma atmosfera de probabilidade a embalsamar o todo tão impecavelmente que, se todas as personagens ganhassem vida, encontrar-se-iam vestidas até o último botão do casaco em linha com a moda do momento. O tirano é obedecido; o romance é cozido no ponto. Mas, por vezes e com maior frequência ao longo do tempo, suspeitamos de uma dúvida momentânea, um espasmo de rebeldia, enquanto as páginas se enchem do modo costumeiro. É assim a vida? Devem ser assim os livros?

Olhe para dentro e a vida, ao que parece, estará bem longe de ser "assim". Examine por um momento uma mente comum em um dia comum. Ela recebe uma miríade de impressões — triviais, fantásticas, evanescentes ou entalhadas com lâmina de aço. De todas as partes vêm elas, numa torrente incessante de átomos sem fim; e, quando caem, e se moldam na vida de uma segunda ou terça-feira, a acentuação recai em pontos outros que não os de antes; o momento de importância surge não aqui, mas ali; de modo que, se o escritor fosse um homem livre e não um escravo, se pudesse escrever o que bem entendesse, e não o que é obrigado a escrever, se pudesse calcar sua obra em seus próprios sentimentos e não em convenções, não haveria enredo, comédia, tragédia, interesse amoroso ou catástrofe no estilo preestabelecido, e talvez nenhum botão cosido à maneira dos alfaiates de Bond Street. A vida não é uma série de lanternas dispostas simetricamente; a vida é um halo luminoso, um invólucro semitransparente a nos circundar do surgimento da consciência até seu fim. E não é função do romancista expressar esse espírito variável, desconhecido e irrestrito, ainda que dado a aberrações ou complexidades, com o mínimo possível de interferência do alheio e do externo? Não estamos apenas clamando por coragem e sinceridade; estamos sugerindo que a própria matéria da ficção é um tanto quanto diversa do que o costume nos levaria a acreditar.

É, em todo caso, nesses moldes que pretendemos definir aquilo que distingue a obra de vários jovens escritores, dos quais James Joyce é o mais notável, da dos seus predecessores. Eles procuram se aproximar da vida e preservar com mais sinceridade e exatidão o que lhes interessa e comove, mesmo que, para fazê-lo, devam descartar a maior parte das convenções que os romancistas costumam seguir. Registremos os átomos caindo à mente na ordem em que o fazem, tracemos o percurso, desconexo e incoerente que aparente ser, que cada visão ou incidente cava na consciência. Não tomemos por certo que a vida existe com maior plenitude no que se tende a considerar grandioso do que no que se tende a considerar pequeno. Qualquer leitor de *Retrato do artista quando jovem* ou, obra que promete ser muito mais interessante, *Ulisses*, em vias de publicação na *Little Review*, arriscará uma teoria dessa natureza em relação às intenções de Joyce. De nossa parte, diante de um tal fragmento, o que fazemos é sugerir mais do que postular essa teoria; mas, seja qual for a intenção do todo, não há dúvida de que é absolutamente sincero e de que o resultado, por mais difícil ou desagradável que possamos julgá-lo, é indiscutivelmente importante. Contrastando com aqueles a quem chamamos de materialistas, Joyce é espiritual; preocupa-se a todo custo em revelar as chispas dessa chama tão interna que irradia a sua mensagem pelo cérebro e, para preservá-la, ignora com total coragem o que lhe pareça fortuito, seja a probabilidade, a coerência ou qualquer desses marcos que, por gerações, vêm servindo para dar suporte à imaginação do leitor quando ele é incitado a fantasiar aquilo que não pode tocar nem ver. A cena do cemitério, por exemplo, com todo o seu brilhantismo, sua sordidez, sua incoerência e seus lampejos súbitos de significado chega sem dúvida tão perto do cerne da mente que, ao menos em uma primeira leitura, é difícil não proclamar uma obra-prima. Se queremos a própria vida, aqui decerto a temos. Com efeito, vemo-nos tentando, ineptos, definir o que queremos além disso, e por que razão uma obra de tamanha originalidade não se compara, já que precisamos tomar exemplos de peso, a *Juventude* ou *O Prefeito de Casterbridge*. Não se compara por conta da relativa pobreza da mente do autor, poderíamos dizer apenas, dando-nos por satisfeitos. Mas é possível levar a questão um pouco além, questionando se a sensação de estarmos em um cômodo claro mas pequeno, confinados e trancafiados ao invés de engrandecidos e libertos, não poderia ser atribuída a alguma limitação imposta pelo método, além de pela mente. É o método que inibe o poder criativo? É culpa do método que não nos sintamos nem joviais nem magnânimos, mas centrados em um eu que, a despeito do seu tremor de suscetibilidade, nunca acolhe ou cria o que está fora de si e além? A ênfase posta, talvez didaticamente, na indecência, não contribui para o efeito de coisa angulosa e isolada? Ou, simplesmente, em qualquer esforço para tal originalidade torna-se muito mais fácil, em especial para os contemporâneos, perceber o que está em falta do que nomear o que é dado? Seja como for, é um erro manter-se de fora examinando "métodos". Qualquer método está correto, qualquer método é correto, se for capaz de expressar o que desejamos expressar, caso sejamos escritores; ou que nos aproxime da intenção do romancista, caso sejamos leitores. Esse método tem o mérito de nos levar para junto daquilo que chamaríamos de a própria vida; a leitura de Ulisses não deixa transparecer o quanto da vida se exclui ou ignora, e não é com um sobressalto que se abre *Tristram Shandy* ou até mesmo *Pendennis* e se é convencido de que não apenas há outros aspectos na vida, mas aspectos mais importantes em jogo?

Seja como for, o problema que se apresenta ao romancista atualmente, como supomos que tenha sido no passado, é o de como desenvolver meios para ser livre e pôr no papel o que bem entender. O escritor deve ter coragem para dizer que o que lhe interessa não é mais "isto", e sim "aquilo": e que a partir "daquilo", e nada além, é que ele deve criar sua obra. Para os modernos, "aquilo", o ponto de interesse, reside muito provavelmente nas áreas sombrias da psicologia. De imediato, portanto, a ênfase se dá de forma um pouco diferente; destaca-se algo até então ignorado; de pronto, torna-se necessário um novo contorno para a forma, difícil a nós de aprender e incompreensível aos nossos predecessores. Ninguém, exceto um moderno, exceto talvez um russo, teria visto algo de interesse na situação que Tchekov transformou no conto intitulado *Gusev*. Alguns soldados russos encontram-se adoentados a bordo de um navio que os leva de volta à Rússia. Ao leitor são oferecidos fragmentos de suas conversas e de alguns de seus pensamentos; em um dado momento, um deles morre e é levado; a conversa continua entre os demais por um tempo, até que o próprio Gusev morre e, com um aspecto de "cenoura ou rabanete", é lançado ao mar. A ênfase recai em pontos tão inesperados que, a princípio, parece não haver ênfase alguma; mas então, conforme os olhos se acostumam ao crepúsculo e passam a discernir as formas dos objetos no ambiente, vemos como a história é completa, como é profunda, e está em consonância com a visão do autor. Tchekov escolhe isto, aquilo e o outro e os coloca juntos para criar algo novo. Mas é impossível dizer "isto é cômico" ou "aquilo é trágico", e também não temos certeza, já que nos ensinam que os contos devem ser breves e conclusivos, se este, que é vago e inconclusivo, deveria ser chamado de conto em absoluto.

Mesmo as considerações mais elementares sobre a ficção inglesa moderna não podem abster-se de mencionar a influência russa, e, quando se fala dos russos, corre-se o risco de sentir que a escrita de qualquer ficção, que não a deles, é perda de tempo. Se buscamos a compreensão da alma e do coração, onde mais a teríamos com tamanha profundidade? Enquanto nós estamos fartos do nosso próprio materialismo, o menos considerável dos romancistas russos tem por direito de nascença um respeito natural pelo espírito humano. "Aprenda a tornar-se semelhante às pessoas... Mas deixe que esta afeição não resida na mente — pois ela é fácil na mente — mas no coração, no amor por elas." Em todo grande escritor russo parecemos discernir os traços de um santo, se a empatia pelo sofrimento alheio, o amor pelos outros, o esforço para atingir um objetivo digno das mais duras exigências do espírito forem constituintes de santidade. É o santo neles que nos embaraça mediante nosso próprio senso de trivialidade não religiosa, e reduz tantos dos nossos livros de renome a paetês e artifícios. As conclusões da mente russa, tão ampla e compassiva, são da mais profunda tristeza, o que talvez seja inevitável. De fato, seria mais correto falar da inconclusividade da mente russa. É o senso de que não há resposta, de que a vida sob um exame honesto traz uma questão após a outra, as quais devemos deixar ressoar prolongadamente após o fim da história, em uma interrogação desesperançosa que nos enche de um profundo, e ao final talvez um ressentido, desespero. É possível que eles estejam certos; é inquestionável que veem mais longe do que nós, e sem os nossos grosseiros obstáculos à visão. Mas talvez nós vejamos algo que a eles escapa, ou então por que esta voz de protesto se mesclaria à nossa soturnidade? A voz de protesto é a voz de uma outra e antiga civilização, que parece ter fomentado em nós o instinto de desfrutar e lutar em vez de sofrer e compreender. A ficção inglesa, de Sterne a Meredith, é testemunha do nosso deleite natural com o humor e a comédia, com a beleza da terra, as atividades do intelecto e o esplendor do corpo. Contudo, quaisquer deduções que venhamos fazer a partir da comparação de dois estilos de ficção tão imensuravelmente distantes são fúteis, exceto, com efeito, por nos arrebatarem com a visão das infinitas possibilidades dessa arte e nos lembrarem de que não há limite ao horizonte, e que nada — nenhum "método", nenhum experimento, mesmo dos mais selvagens — é proibido, exceto a falsidade e o fingimento. "A própria matéria da ficção" não existe; tudo é a própria matéria da ficção, cada sentimento, cada pensamento; cada disposição do cérebro e do espírito é passível de uso; nenhuma percepção é inválida. E, se pudéssemos imaginar a arte da ficção personificada e viva entre nós, ela sem dúvida nos impeliria a quebrá-la e maltratá-la, além de honrá-la e amá-la, pois é assim que sua juventude seria renovada e sua soberania assegurada.

Este livro foi impresso nas oficinas gráficas da Editora Vozes Ltda.,
Rua Frei Luís, 100 – Petrópolis, RJ.